SÍMBOLOS EM PSICANÁLISE

Blucher

SÍMBOLOS EM PSICANÁLISE

Continentes de experiências emocionais

Marisa P. Mélega

Símbolos em psicanálise: continentes de experiências emocionais

Publisher Edgard Blücher
Editor Eduardo Blücher
Coordenação editorial Jonatas Eliakim
Produção editorial Lidiane Pedroso Gonçalves
Preparação de texto Maurício Katayama
Diagramação Negrito Produção Editorial
Revisão de texto Ana Lúcia dos Santos
Capa Leandro Cunha
Imagem da capa iStockphoto

Blucher

Rua Pedroso Alvarenga, 1245, 4º andar
04531-934 – São Paulo – SP – Brasil
Tel.: 55 11 3078-5366
contato@blucher.com.br
www.blucher.com.br

Segundo o Novo Acordo Ortográfico, conforme 6. ed. do *Vocabulário Ortográfico da Língua Portuguesa*, Academia Brasileira de Letras, julho de 2021.

Dados Internacionais de Catalogação na Publicação (CIP)
Angélica Ilacqua CRB-8/7057

Mélega, Marisa Pelella
Símbolos em psicanálise : continentes de experiências emocionais / Marisa Pelella Mélega. – São Paulo : Blucher, 2022.
182 p.

Bibliografia
ISBN 978-65-5506-545-9 (impresso)
ISBN 978-65-5506-541-1 (eletrônico)

1. Psicanálise. 2. Sinais e símbolos. I. Título.

22-1248 CDD 150.195

Índice para catálogo sistemático:
1. Psicanálise

Agradecimentos

Para Meg H. Williams, pelo estímulo e pelas coordenadas para escrever este livro.

Para Darcy Portolese, por ler os capítulos, comentá-los comigo e, desse modo, animar-me a dar continuidade.

Conteúdo

Introdução

O objetivo principal deste livro é apresentar a intimidade da formação de símbolos no indivíduo desde o nascimento, bem como durante a sessão analítica de crianças e adultos. São apresentados exemplos vindos de observações de Esther Bick e de sessões analíticas.

Entendemos a formação de símbolos no indivíduo como as transformações de suas experiências emocionais, e são essas transformações que a psicanálise atual, no modelo pós-kleiniano de mente, considera serem símbolos, continentes de significado emocional. Existe uma certa confusão, que persiste desde os tempos de Freud, quanto a usar a palavra "símbolo" para designar símbolos vindos da cultura, incluindo os universais, que o indivíduo usa para comunicar-se socialmente, mas que não expressam suas experiências emocionais. A criação destas é de responsabilidade do indivíduo, e a psicanalise denomina-os *símbolos autônomos*. Bion, quando discute sobre *Uma teoria do pensar* (1962), descreve um complexo processo de transformação de experiências sensoriais e emocionais por meio da função alfa. No Capítulo 1, descrevemos a intimidade dessa transformação, pondo em evidência as diferenças entre os símbolos convencionais e os universais, advindos da cultura, e os símbolos individuais ou autônomos. Esse Capítulo aborda a evolução do conceito de símbolos em psicanálise. Descreve a concepção de símbolo em Freud e a ampliação trazida por Klein ao reconhecer que as crianças representam simbolicamente fantasias, desejos e experiências quando brincam, e que o brincar é equivalente ao sonhar.

Por fim, no Capítulo 1, apresentaremos o modelo epistemológico de mente de Bion (1962), que forneceu a chave da formação de símbolos desde o nascimento. Segue-se uma observação mãe-bebê, de Esther Bick, para ilustrar o modelo epistemológico de Bion, descrito em "Uma teoria sobre o pensar".

No Capítulo 2, continuamos a ilustrar o início da formação simbólica, que, como disse Bion, é a que interessa para o crescimento da mente pensante, diferenciando-a da protomente. Descrevemos e comentamos, por meio de cenas de observação pela técnica Esther Bick, os inícios da formação simbólica, de acordo com a teoria de Bion. A primeira sequência de cenas diz respeito a Paulo, um bebê de 2 meses, em quem se verificou uma função materna satisfatória, um bebê capaz de internalizar o modelo oferecido pela mãe e até de "tentar recriar" tal objeto em sua ausência. Essa capacidade dele foi entendida pela mãe como um distúrbio que a angustiou, e que o bebê recebeu e respondeu com sintoma físico, a regurgitação.

Na segunda sequência, apresentamos um bebê de 9 meses, John, em quem é possível observar um início do brincar, que, segundo Klein, é entendido como uma formação simbólica, uma tentativa de se compreender a experiência vivida; no caso, o bebê teria feito o brinquedo sofrer a ação que viveu, que foi sentida por ele como estar caindo. A terceira sequência mostra um bebê de 14 meses, Sônia, capaz de permanecer com o observador na ausência da mãe, solicitando-o a brincar com ela, mostrando a capacidade simbólica de transferir o vínculo inicial.

O complexo processo de formação de uma mente é descrito mostrando-se suas exigências para que se efetue e ilumina o funcionamento de duplas mãe-bebê, mostrando vicissitudes na formação simbólica inicial, que é a base para o progressivo desenvolvimento de uma personalidade, dentro da normalidade.

Destacamos no Capítulo 3 algumas dessas vicissitudes, como a dificuldade de o bebê internalizar um objeto continente, o que o coloca na condição de não tolerar a ausência do objeto concreto externo (geralmente a mãe). A criança depende dessa internalização para ser capaz de criar um símbolo que substitua a ausência da mãe. Como Bion nos mostra, a ausência do objeto leva à presença de um pensamento (um símbolo). No caso de Betina, ocorreu um desmame precoce e uma separação do objeto materno, levando-a a distúrbios do sono e ao retorno a um comportamento adesivo (identificação adesiva), próprio do início da vida do bebê. No caso da bebê Arminda, desde o início foi observada uma relação em que a mãe não desenvolveu uma identificação com um "seio pensante" (mãe com *reverie* e função alfa); uma mãe angustiada e incapaz de transformar as identificações projetivas do bebê oferece apenas sua presença física, acrescida de suas próprias angústias. A simbolização de Arminda não progrediu até o nono mês, com ela se mantendo aderida ao objeto externo, mãe, para fazer frente a terrores e ansiedades de aniquilamento.

Bion nos fala da transformação de impressões sensoriais e emocionais em imagens visuais, resultantes de uma "digestão mental", de uma elaboração onírica alfa para armazenar essas imagens em forma comunicável. O Capítulo 4 traz exemplos de imagens oníricas em análise de crianças, sob forma de desenhos ou de representações no brincar. Crianças são levadas ao analista por apresentarem distúrbios de conduta e/ou de aprendizado, sintomas físicos, psicossomáticos e outros. Frequentemente, tais distúrbios têm sua origem nos primeiros anos de vida, dificultando a formação de uma mente simbólica para fazer frente às passagens evolutivas que vão se sucedendo. As ilustrações clínicas vão revelar a importância do ambiente – mãe, pai, enfim, a família – para que o crescimento simbólico possa acontecer. O caso de Pedro, de 2 anos e 8 meses, foi acompanhado em atendimento familiar. O caso de Gianni, de 22 meses, foi atendido em *setting* analítico pela autora, por este apresentar uma parada de desenvolvimento. No caso de Hélio, de 9 anos e 10 meses, descrevemos as primeiras consultas com a queixa de sintomas psicossomáticos e insônia. São descritas também imagens oníricas extraídas da análise de Carina, Alex, Breno, Hector e Anna.

O Capítulo 5 aborda sessões analíticas de adultos em que imagens oníricas surgem como associações que o paciente descreve verbalmente. Também aborda, nos sonhos do paciente, a experiência emocional deste com o analista, transformada em imagens oníricas noturnas, continentes de significado emocional. Acompanhamos as formações simbólicas geradas pela dupla analista-analisando durante a sessão de análise, como nos exemplos de Antônio e de Margarete; e os sonhos de analisandos durante o processo analítico, como nos exemplos de Rubens e de Louise. Entendemos o sonho noturno como uma ruminação, uma tentativa de digerir, de elaborar experiências emocionais de nossa vida acordada. A formulação do sonho seria uma resultante de transformações das imagens oníricas em linguagem verbal, para tornar possível a comunicação do significado. Ainda nesse Capítulo, apresentamos um processo de construção de símbolos em uma paciente que chamamos de Sara.

Meltzer se interessou por esclarecer as diferenças entre símbolos da cultura e símbolos do indivíduo em seu artigo "Reflexões sobre signos e símbolos" (2000) e chamou de símbolos autônomos aqueles criados pelo indivíduo. Esse autor visualizou o nível estético da formação de símbolos, contribuição original, vinda de seu olhar clínico e de suas experiências em observar bebês e crianças autistas. Ele percebeu que o conflito com o objeto presente precede em significado as inúmeras angústias com o objeto ausente (*The Apprehension of Beauty: The Role of Aesthetic Conflict in Development, Art and Violence*, 1988). Se e quando esse conflito (estético) não é superado, a personalidade se retrai das experiências emocionais (fenomenologia do *claustrum*), não sendo possível haver transformação em símbolos, como vamos mostrar no Capítulo 6.

O conflito estético é despertado pelo objeto presente, e a mente deve encontrar meios para fazer sua digestão. O conflito estético comporta a visão do crescimento mental como uma função estética fundada na reciprocidade da mãe em resposta ao bebê, que vive sensorialmente a presença dela como objeto estético. A experiência da beleza do mundo e o desejo de conhecê-la coloca em movimento a atividade humana da formação de símbolos. Descrevemos um exemplo de reciprocidade estética mãe-bebê, em que a superação do conflito estético do bebê o leva ao início da formação de símbolos. Descrevo também um exemplo clínico em que o conflito estético não superado levou a fenômenos claustrofóbicos um adolescente de 15 anos; e um exemplo clínico de uma paciente de 32 anos com sintomatologia de pânico há dez anos.

Finalizo considerando que dois foram os estímulos que me levaram a escrever este texto: o meu interesse em compreender desde cedo o significado do brincar de crianças e seus desenhos durante a análise, assim como o significado dos sonhos trazidos por adultos durante a sessão de análise. Meu outro estímulo foi a expectativa de Meg Harris Williams de que o psicanalista pudesse mostrar a intimidade da formação simbólica que acontece durante a sessão de análise. Sou muito grata a Donald Meltzer por ter-me mostrado um caminho para continuar desenvolvendo meu interesse na geração de símbolos, que, na verdade, acredito ser o cerne do trabalho do psicanalista.

Marisa Pereira Mélega

Prefácio

Darcy Antônio Portolese

Inicialmente, quero agradecer à Marisa pela oportunidade de participar da construção deste livro, que trata deste tema tão importante e relevante para a psicanálise, que é o processo da construção de símbolos.

Claude Lévi-Strauss, no seu livro *Antropologia estrutural*, define os conceitos de signo e símbolo, visando a introduzir a diferenciação entre o método empírico e o método científico. Utiliza a analogia do lavrador e o engenheiro agrônomo, em que o primeiro desenvolve seu trabalho com as informações recebidas pela cultura dos seus pares, as condições climáticas, as condições do solo, o período propício para a semeadura de determinadas sementes e suas respectivas colheitas.

O segundo, por sua vez, executa essas tarefas apoiado no conhecimento científico, na compatibilidade solo-semente, nos adubos fertilizantes do solo, assim como nas condições climáticas e suas aplicações específicas. Utiliza também o conhecimento das doenças e pragas, assim como das substâncias químicas e farmacológicas no combate aos agressores. Em outras palavras, trata-se do desenvolvimento do método científico em contraste com o método empírico.

Penso que, neste trabalho desenvolvido pela Marisa, podemos considerar uma integração de métodos em que os aspectos empíricos, intuitivos, estão ancorados em conceitos que vão permitir um aprofundamento do método psicanalítico.

A técnica de observação da relação mãe-bebê Esther Bick possibilita acompanhar sucessivos momentos da intimidade de uma relação mãe-bebê e estudar o que se passa no trajeto entre a emoção e a produção da imagem onírica (representante da emoção). Esses desenvolvimentos estão bem explicitados no Capítulo 5, "Da experiência emocional às imagens oníricas durante o processo analítico de adultos".

Bion conjecturou que a transição do sensorial (biológico) para o mental aconteceria por uma função da personalidade, que chamou de função alfa: "A função alfa atua sobre as experiências sensoriais quaisquer que elas sejam, e sobre as emoções que o paciente percebe, quaisquer que sejam".

Outra forma é aquela do *aprender da experiência*: "Na medida em que a função alfa tem êxito produzem-se elementos alfa, susceptíveis de se armazenarem e corresponderem aos requisitos de pensamentos oníricos". Portanto, ao considerarmos dessa forma, estamos onde a experiência emocional já se encontra na área dos símbolos, ou seja, estamos evoluindo para aprender por meio da experiência emocional.

A mãe costuma ser a primeira a realizar a função alfa pelo bebê e se expressa por meio da sua *reverie*, pela sua presença mental. Mediante as várias experiências vivenciadas e aqui descritas, podemos observar um bebê sendo amamentado, sugando leite do peito da mãe, olhando nos olhos dela, que estão atentos a ele, ouvindo a voz da mãe, dirigida a ele, e sentindo o forte aconchego de seus braços, conjunto de atitudes que surgem desse estado de mente empático com a fragilidade e dependência do bebê. Dessa forma, a mãe transmite ao bebê o que ela elaborou a partir do que percebeu do estado emocional dele.

Podemos observar ao longo deste trabalho a penetração na intimidade da experiência e sua interpenetração onde o conhecimento é produto da construção comum. Dentre as várias descrições citadas, podemos acompanhar as vicissitudes de uma intimidade que vai se desenvolvendo e gerando um produto comum, que é a linguagem simbólica. Selecionei uma das descrições que me parecem bem ilustrativas para o tema:

> *Júlia está com três meses e sete dias, e a observadora descreve na supervisão cenas colhidas durante a visita à família:*
>
> *(...) a mãe aproximou-se do berço, e Júlia ao vê-la, agitou os braços e sorriu demoradamente. A mãe inclinou-se sobre o berço e, dirigindo-lhe o olhar, perguntou-lhe se estava com fome. Júlia respondia "A-rru" seguidamente. A mãe levantou-a do berço para trocar a fralda. Enquanto isso, falava com Júlia e com a observadora. Ao terminar a troca, a mãe levantou Júlia, segurou-a contra o peito e voltou a indagar se estava com fome, ao que ela respondia com "A-rru". Foram até o* living *onde o pai estava telefonando, e a bebê foi deitada no sofá ao lado do pai; em seguida, a mãe sentou-se e, enquanto conversava com o marido sobre assuntos a serem resolvidos durante o dia, tirou a blusa e colocou Júlia no colo, mas não ofereceu imediatamente o peito. Júlia emitiu um choro forte, e a mãe aproximou-lhe*

> *o mamilo, e o bebê abocanhou com força, mamando seguidamente por volta de cinco minutos. Engasgou-se por duas vezes, afastou-se e rapidamente voltou ao peito. Mexia com a mão direita no colo da mãe enquanto mamava; sua mão esquerda estava solta, e, a um certo momento, sua mãe segurou-a e percebeu que estava fria. Aqueceu-a com sua própria mão, enquanto olhava nos olhos.*
>
> *Nesse momento Júlia olhou para os olhos da mãe e soltou o mamilo. A mãe disse: "Pronto! Não mais, continue mamando mocinha". Reconduziu-a ao mamilo e o bebê pegou sugou e largou, sorrindo, olhava nos olhos da mãe, falava "A-rru" e passava a mãozinha no seio. Essa cena repetiu-se três vezes. Por fim, a mãe achou que ela não queria mais mamar, e colocou-a de pé em seu colo para que arrotasse (Mélega, 2008, p. 442).*

Essas cenas apresentadas permitiram-nos entrar na intimidade dessa relação mãe-bebê, em que Júlia foi tendo a experiência de ser compreendida em suas comunicações, mostrando incorporar tais configurações de compreensão e configurando-se um vínculo K entre mãe e bebê, essencial para aprender da experiência.

A boca-mamilo-seio é acompanhada pelos olhos-mente – atenção – compreensão da mãe. Não é difícil imaginar que Júlia esteja "pensando", dando sentido à relação com o seio e com a mãe por meio de sorrisos, olhares e "a-rrus", produzindo representações e signos, a caminho da criação de símbolos. As experiências de acolhimento e transformação descritas possibilitam supor que Júlia esteja introjetando um "seio pensante".

O conteúdo deste livro é de grande importância porque foi elaborado e construído com o respaldo da longa experiência de sua autora, com base em um projeto de pesquisa denominado "*Reverie* materno e desenvolvimento da atividade simbólica do bebê entre 0-18 meses". O *corpus* da pesquisa constou de materiais de observação supervisionados em seus grupos didáticos, baseados no método de observação mãe-bebê Esther Bick.

O referencial teórico foi fundamentalmente apoiado em "Uma teoria sobre o pensar", de Bion (1962). Essa teoria é baseada na capacidade de se lidar com frustração e é um indicador da condição de criar símbolos e pensamentos. Adentramos a teoria de Bion na tentativa de compreender a complexidade e a extensão do conceito de "*reverie* materno" e da capacidade simbólica do bebê. Para o autor, o conceito de função alfa supõe que esta função converta dados sensoriais e emocionais em elementos alfa, dando à psique material para os pensamentos oníricos. O bebê não consegue por si só fazer uso dos dados sensoriais e emocionais e os expulsa, por meio do mecanismo de identificação projetiva, para dentro da mãe.

Se a mãe não aceita as projeções, não funciona com *reverie*, o bebê reintrojeta as projeções, porém, carentes de significado (que uma mãe dotada dessa capacidade teria proporcionado). O colapso da capacidade de *reverie* da mãe delega ao bebê tarefas que não pode realizar, como as de relacionar dados sensoriais e emocionais. Desse modo, a consciência rudimentar do bebê registra um objeto que não acolhe e não compreende, e com o qual vai se identificar.

A teoria de Bion leva em conta que, para lidar com os episódios de frustração, a conduta do bebê é evitar ou evadir-se. Isso também se vincula à atividade simbólica do bebê: um indicador da conduta da mãe durante os episódios de frustração. A conduta da mãe e do bebê, desde os primórdios, assim como a conduta pré-verbal, também é simbólica.

A relação feita por Bion entre a capacidade de tolerar frustração e o desenvolvimento simbólico (mostrado por meio do brincar e do pensar) foi considerada utilizar a reação à frustração como um indicador da atividade simbólica do bebê.

Os sucessivos exemplos apresentados nos diferentes capítulos que tratam do desenvolvimento simbólico apresentam um denominador comum, que é por meio do contato que se estabelece entre as condições e as bases para a criação e o desenvolvimento dos símbolos.

> *Para a psicanálise atual, que serve como referência para nosso estudo, toda função criadora considerada artística ou científica depende da criatividade dos objetos do mundo interno do indivíduo e das relações entre o Self e seus objetos internos. A mente é entendida como espaços nos quais as experiências emocionais ocorrem continuamente e necessitam do reconhecimento em nível simbólico para que possam ser pensadas. Os elementos precursores simbólicos originados pelas transformações nesses espaços do mundo interno do indivíduo são imagens principalmente visuais e auditivas. Para serem comunicadas precisam ser representadas, e é deste processo que surgem os símbolos (Mélega, 2011, p.224).*

Contato, experiência emocional e pensar constituem os alicerces da criação em psicanálise. A experiência emocional vai fertilizar a mente, e daí decorrem fenômenos que permitem transformações como a Cesura, de onde emergem produtos mentais que estavam em estado "adormecido", aguardando possibilidades de ganhar vida e ampliar e enriquecer o psiquismo. Somente a psicanálise possui recursos para essa empreitada. No Capítulo 6 de *Transformações: do aprendizado ao crescimento* (1991), Bion descreve: "O narcisismo insatisfeito impede que o Amor se estenda aos objetos", o que pressupõe que o alimento para preencher as necessidades mentais advém da experiência da intimidade analítica.

Os vários exemplos clínicos descritos neste livro, extraídos com experiência clínica rigorosa, permitem que possamos exercitar e ampliar nossa capacidade de observação e nossos recursos clínicos. Podemos, assim, usufruir da densa experiência de Marisa P. Mélega, que tantas contribuições trouxe à nossa sociedade pela sua índole criativa e formadora.

Referências

Bion, W.R. (1962). Uma teoria sobre o pensar. In Bion, W.R., *Estudos psicanalíticos revisados*. Rio de janeiro: Imago.

Bion, W.R. (1991). *O aprender com a experiência*. Rio de Janeiro: Imago.

Bion, W.R. (1991). *Transformações: do aprendizado ao crescimento*. Rio de Janeiro: Imago.

Mélega, M. P. (2008). Vínculo K, knowledge, e o desenvolvimento da capacidade simbólica. *Revista Psicanálise 10*(2), 435-448.

Mélega, M. P. (2011). Experiência emocional e formas simbólicas poéticas. *Ide, 34*(53), 219-230. Recuperado em 28 de março de 2022, de http://pepsic.bvsalud.org/scielo.php?script=sci_arttext&pid=S0101-31062011000200019&lng=pt&tlng=pt

1. O conceito de símbolo em psicanálise pelo modelo pós-kleiniano de mente

A noção de simbolismo está, hoje, estreitamente ligada à psicanálise. No entanto, as palavras *simbólico*, *simbolizar* e *simbolização* são, muitas vezes, utilizadas em sentidos diversos; finalmente, os problemas que dizem respeito ao pensamento simbólico, à criação e ao manejo dos símbolos dependem de tantas disciplinas (psicologia, linguística, epistemologia, literatura, história das religiões, etnologia etc.) que existiu especial dificuldade em querer delimitar um uso propriamente psicanalítico desses termos e em distinguir-lhes as diferentes acepções. Essa definição será feita mais adiante, a partir das contribuições de Bion e de Meltzer.

Os símbolos são incluídos na categoria dos sinais, mas, se quisermos especificá-los como evocadores de uma relação natural, de algo ausente ou impossível de se perceber, já encontramos várias objeções; assim, quando se fala de símbolos matemáticos ou de símbolos linguísticos, exclui-se qualquer referência a uma relação natural.

O uso terminológico comprova, portanto, variações muito extensas no emprego da palavra "símbolo". Este não implica necessariamente a ideia de uma relação interna entre o símbolo e o simbolizado, como demonstra o emprego do termo "simbólico" por Claude Lévi-Strauss, em antropologia, e por Jacques Lacan, em psicanálise.

Ao distinguirmos um sentido amplo e um sentido restrito do termo "simbólico", não fazemos mais do que retomar uma distinção apontada por Freud.

Há um sentido muito amplo do termo quando se diz, por exemplo, que o sonho ou o sintoma são a expressão simbólica defensiva de desejo ou de conflito, entendendo-se que são exprimidos de forma indireta, figurada, e difícil de decifrar. O sonho da criança é considerado menos simbólico do que o sonho do adulto, na medida em que o desejo, expressando-se nele de uma forma um pouco ou nada disfarçada, seria, então, facilmente legível.

De modo mais geral, o termo "simbólico" é empregado para designar a relação que une o conteúdo manifesto de um comportamento, de um pensamento, de uma palavra, ao seu sentido latente. Diversos autores (Rank, Sachs, Ferenczi, Jones) consideram que só podemos falar de simbolismo em psicanálise nos casos em que o simbolizado for inconsciente.

Note-se que, nessa perspectiva, o simbolismo envolve todas as formas de representação indireta, sem discriminação mais definida entre este ou aquele mecanismo.

Entre os acréscimos introduzidos por Freud ao texto original de *A interpretação dos sonhos* (1900), em particular os referentes ao ano de 1914, os mais importantes dizem respeito ao simbolismo nos sonhos.

Desde a primeira edição desse livro pôde-se notar que Freud havia reconhecido a existência dos símbolos.

Aos poucos, Freud foi atribuindo importância cada vez maior aos símbolos, particularmente pela elucidação de numerosas variedades de sonhos típicos e pelos trabalhos antropológicos que mostraram a presença do simbolismo em outros domínios além do sonho.

Com a extensão da teoria do simbolismo, Freud é levado a reservar ao simbolismo um lugar à parte, tanto na teoria do sonho e nas produções do inconsciente como na prática da interpretação.

A acepção de símbolo de Freud dava conta de sua "técnica verbal" e de sua compreensão dos sonhos como alternativa simbólica para a descarga de energia psíquica. Tanto as palavras quanto os sonhos evitariam, assim, a descarga pela via muscular, como ele escreveu a respeito dos processos primário e secundário. Freud se deteve principalmente no conhecimento dos símbolos vindos da cultura.

Com esse enfoque, a energia psíquica, derivada das pulsões, ao ser impedida de obter satisfações corporais por proibições (superego e cultura), seria convertida em fins sociais por meio da sublimação, que, para Freud, passou a ser um processo que explicaria aquelas atividades humanas (atividades artísticas, investigação científica e outras) sem qualquer relação aparente com a sexualidade, mas que encontram seu elemento propulsor na força da pulsão sexual. Esse processo, que mudaria a meta e o objeto da pulsão, ficou, no entanto, incompleto em sua teorização.

Para Melanie Klein, a descarga de energia psíquica pela via muscular, mencionada por Freud, ganha o status de simbólica.

Ao observar bebês e analisar crianças por meio de seu brincar, Klein (1932/1969) percebeu que elas representavam simbolicamente fantasias, desejos e experiências. Ela considerou o brincar equivalente aos sonhos.

Em "On Observing the Behaviour of the Young Infant" (em português, "Observando o comportamento do bebê"), Klein (1952) demonstrou que o brincar era tão simbólico quanto usar as palavras, embora no brincar houvesse descarga muscular. A partir daí, foi necessário que ela avançasse na noção vigente de fantasia.

Freud considerava as fantasias como defesas contra recordações; seriam "fachadas psíquicas", com características conscientes de devaneios e um meio de descarga alternativo à ação muscular. As descobertas de Klein conduziram-na a reconhecer a existência de *phantasias* inconscientes (e esse sentido psicanalítico foi grafado pelos tradutores em inglês com "*ph*", *phantasy*). Essas *phantasias* foram descritas como *phantasias* originárias, estruturas fantásticas típicas, como a cena primária, a castração, sempre de origem filogenética.

Klein, no entanto, considerou que a fantasia não seria necessariamente um meio de descarga alternativo à ação. Ela conceituou as "*phantasias* inconscientes" como originadas dos impulsos corporais, das primeiras sensações, e não do conhecimento articulado com o mundo exterior. Assim, as primeiras *phantasias* inconscientes representam psiquicamente os impulsos libidinais e destrutivos e, com o desenvolvimento psíquico, convertem-se progressividade em meios de defesa contra ansiedades, em formas de controlar e inibir impulsos, em formas de expressão de desejos de reparação.

As *phantasias* inconscientes primárias se expressam por processos mentais muito distantes das palavras conscientes e do pensamento verbal, e, mesmo no adulto, elas continuam conjunta e independentemente das palavras, indicando que significados e sentimentos são muito mais antigos que a linguagem, tanto na experiência da raça como no desenvolvimento emocional infantil.

Testemunho disso são os sonhos em que vivemos cenas dramáticas em termos visuais. No desenho, na pintura e em todas as artes, por meio de um traço, uma forma, uma cor, um movimento, colhem-se os mais diversos significados.

Em nossos relacionamentos, a expressão facial, o tom de voz e outros gestos comunicam significados mesmo sem palavras, ou apesar delas.

Klein, em seus trabalhos *A análise infantil* (1981) e *A importância da formação de símbolos no desenvolvimento do ego* (1996), adotou o ponto de vista de Ferenczi, segundo o qual a identificação primária é a precursora da simbolização, ou seja, é resultado do empenho da criança para associar em cada objeto seus próprios órgãos e como eles funcionam. Klein demonstrou que, desde os estágios mais iniciais, o bebê começa a "busca de símbolos" e faz isso a fim de aliviar-se de experiências penosas.

Os conflitos com objetos primários (seio/mãe, pai) e a ansiedade por estar sendo, na *phantasia*, perseguido por eles levam à busca de novos relacionamentos com objetos substitutos, constituindo--se em uma estratégia defensiva.

Na obra de Klein há, portanto, uma descrição da formação de símbolos desde os mais arcaicos. Os símbolos são entendidos, desde o início, como um recurso para a expressão interna e externa da atividade da fantasia inconsciente. Muito embora Klein tenha considerado a formação simbólica desde o início (a *phantasia* inconsciente, o brincar), mostrando-a por meio de sua prática, não formalizou uma conceituação teórica a respeito, e acabou predominando em sua obra a simbolização na posição depressiva, fim do caminho do processo simbólico.

Para esse autor, os símbolos representam principalmente uma defesa contra a ansiedade, mas são também entendidos como uma expressão criativa. A criança, espontaneamente, sem se ater aos símbolos convencionais, cria os seus próprios, que, embora não tenham uma qualidade social, são compreensíveis como experiências de partes do corpo e das relações entre essas partes: é a expressão simbólica original.

Bion produziu ao longo dos anos, desde 1957, um conjunto de ideias que se tornaram um modelo epistemológico da mente. Ele descreveu dois funcionamentos mentais: a mente automática ou protomente e a mente simbólica, esta resultante de processos de elaboração a partir de experiências sensoriais e emocionais que são o centro do significado da vida psíquica.

Bion conjecturou que essa transição do sensorial (biológico) para o mental acontecia por um funcionamento da personalidade que chamou de "função alfa". Essa função convertia os dados sensoriais e emocionais em elementos alfa, armazenáveis na mente e usados para pensar, sendo os significados ou símbolos da experiência emocional. Para pensar, é essencial construir um aparato mental, que resulta de uma relação continente-contido cujo protótipo é a relação mãe-bebê operando com *reverie*, a capacidade de receber as identificações projetivas do bebê e elaborá-las em significados pela ação de sua função alfa, e devolvê-las ao bebê, que, ao introjetá-las, passa a identificar-se com a função mental da mãe.

Em "Uma teoria sobre o pensar" (1962), Bion afirma que os símbolos são o coração da personalidade, e esta depende, para o seu crescimento, de poder pensar acerca das emoções das relações íntimas.

As emoções, para Bion, são os vínculos das relações íntimas que ele assim descreve: (L) Amor, (H) Ódio e (K) Conhecimento, e seus negativos (-L) menos Amor, (-H) menos Ódio e (-K) menos Conhecimento. Desse modo, Bion construiu uma Teoria dos Afetos, e, de acordo com essa teoria, a experiência emocional é transformada em símbolos toda vez que o vínculo K acontece.

Meltzer, seguindo essa teoria, resolveu clarear o significado dos vínculos negativos, explicando: (-L) menos Amor = Puritanismo; (-H) menos Ódio = Hipocrisia; (-K) menos Conhecimento = Filistinismo, estar contra qualquer ideia nova, uma condição que impede o aprender da experiência. Outra condição contrária à formação de símbolos descoberta por Meltzer (1988) é a não superação do conflito estético, que veremos mais adiante.

Vamos apresentar uma breve descrição de sequências de conduta de um bebê e suas tentativas de dar sentido à experiência vivida na interação com sua mãe.

Usamos como referências teóricas o conceito de brincar de Klein, sendo manifestações da fantasia inconsciente e a expansão desse conceito, dado pela Teoria do Pensar, na qual o brincar, como o sonhar, é uma manifestação do pensar.

As sequências que vamos apresentar resultaram da observação mãe-bebê pela técnica Esther Bick e foram supervisionadas durante seminários conduzidos pela autora.

A observação da relação mãe-bebê por meio da técnica Esther Bick possibilita-nos acompanhar alguns momentos da intimidade de uma relação mãe-criança e estudar o que se passa no trajeto entre a emoção e a produção da imagem onírica (representação da emoção). Aproxima-nos da "área de mistério" em que atua a função alfa.

Sabemos que é primeiramente a mãe a realizar a função alfa pelo bebê, que se expressa, de início, por meio de seu *reverie* e de sua atenção-presença mental. Podemos observar um bebê sendo amamentado, sugando leite do peito da mãe, olhando nos olhos que estão atentos a ele, ouvindo a voz da mãe dirigida a ele e sentindo o firme aconchego de seus braços, conjunto de atitudes que surgem desse estado de mente empático com a fragilidade e a dependência do bebê. A mãe transmite, dessa forma, ao bebê o que ela elaborou a partir do que percebeu do estado emocional dele.

Júlia está com 3 meses e 7 dias, e a observadora descreve na supervisão cenas colhidas durante a visita à família:

> (...) *a mãe aproximou-se do berço, e Júlia, ao vê-la, agitou os braços e sorriu demoradamente. A mãe inclinou-se sobre o berço e, dirigindo-lhe o olhar, perguntou-lhe se estava com fome. Júlia respondia "A-rru" seguidamente. A mãe levantou-a do berço para trocar sua fralda. Enquanto isso, falava com Júlia e com a observadora. Ao terminar a troca, a mãe levantou Júlia, segurou-a contra o peito e voltou a indagar se estava com fome, ao que ela respondia com "A-rru". Foram até o* living, *onde o pai estava telefonando, e a bebê foi deitada no sofá ao lado do pai; em seguida, a mãe sentou-se e, enquanto conversava com o marido sobre assuntos a serem resolvidos durante o dia, tirou a blusa, colocou Júlia no colo, mas não ofereceu imediatamente o peito. Júlia emitiu um choro forte, e a mãe aproximou-lhe o mamilo, o bebê abocanhou com força, mamando seguidamente por volta de cinco minutos. Engasgou-se por duas vezes, afastou-se e rapidamente retornou ao peito. Mexia com a mão direita no colo da mãe enquanto mamava; sua mão esquerda estava solta, e, a um certo momento, sua mãe segurou-a e percebeu que estava fria. Aqueceu-a com sua própria mão, enquanto olhava-a nos olhos.*[1]

1 Agradeço à Lucia Amaral pelo material de observação de Júlia.

> *Nesse momento, Júlia olhou para os olhos da mãe e soltou o mamilo. A mãe disse: "Pronto! Não olho mais! Continue mamando, mocinha". Reconduziu-a ao mamilo, e a bebê pegou, sugou e largou, sorrindo, olhava nos olhos da mãe, falava "A-rru" e passava a mãozinha no seio. Essa cena repetiu-se três vezes. Por fim, a mãe achou que ela não queria mais mamar, e colocou-a de pé em seu colo para que arrotasse (Mélega, 2008, p. 340).*

Os detalhes muito bem observados nessas cenas apresentadas permitiram entrar na intimidade dessa relação mãe-bebê, em que Júlia foi tendo a experiência de ser compreendida em suas comunicações, mostrando incorporar tais configurações de compreensão, e foi configurando-se um vínculo K entre M. e B., essencial para aprender da experiência.

A boca-mamilo-leite é acompanhada pelos olhos-mente-atenção-compreensão da mãe. Não é difícil imaginar que Júlia esteja "pensando", dando sentido à relação com o seio e com a mãe, por meio de sorrisos, olhares e "A-rrus", produzindo representações e signos, a caminho da criação de símbolos. As experiências de acolhimento e transformação descritas possibilitam supor que Júlia esteja introjetando um "seio pensante".

Um estudo da formação simbólica inicial

Durante meu percurso clínico, frequentemente repensava o que teria se passado com Hugo (8 anos), por ele apresentar grande dificuldade de introjetar, ou com Mauro (11 anos), que não conseguia usar o continente analítico para se desenvolver, e Mariana (7 anos), que, após vários anos de trabalho analítico, mantinha um terror ao contato e fechava-se em suas fantasias onipotentes, enquanto

Letícia, Luísa, Marcelo e muitas outras crianças que pareciam apresentar sintomas próximos aos citados evoluíam logo durante o trabalho de análise, pondo em marcha seu crescimento simbólico.

E o que se passava com aqueles adultos que, mesmo após longa análise, voltavam a procurar uma nova, na busca de "algo que não conseguiram", movidos por angústias existenciais e/ou sintomas físicos?

O que haveria de tão difícil nessas personalidades que o trabalho de análise não conseguia abordar ou modificar? Estaríamos diante de uma constituição "desfavorável" para a vida? Desde o nascimento? Ou o patrimônio genético foi sendo deteriorado desde os seus inícios pela ação do ambiente (personalidade dos pais, traumas sociais e outros)?

Durante certo tempo, o que não sabíamos era colocado no "baú da constituição do indivíduo", mas a força do impulso de vida, a inveja primária, a tolerância à frustração foram definidas como constitucionais por Klein e Bion.

Com o avanço trazido pelos estudos em observação de bebês nas famílias e pelas descobertas clínicas, principalmente vindas de análises de crianças e de psicóticos, algumas teorias e conceitos foram sendo reformulados. Assim, a Teoria da Identificação Projetiva de Klein (1946) ganhou em extensão quando Bion acrescentou o conceito de identificação projetiva realista, ao tratar da relação mãe-bebê em sua Teoria do Pensar (realista pois o bebê não tem, no início, outra forma de comunicar-se a não ser por identificação projetiva). Bick, ao aprofundar sua visão acerca dos estados iniciais do recém-nascido, formulou um novo conceito de identificação, o conceito de identificação adesiva. Esse mesmo conceito foi concomitantemente formulado por Donald Meltzer, que enfatizou, além disso, a importância da formação do espaço interno, fantasia que o indivíduo tem acerca de seu mundo mental, espaço interno este que é insuficientemente constituído nas síndromes autistas e nas personalidades em que predomina o uso de identificação adesiva. Essas descobertas levaram a novas reflexões acerca da formação do mundo interno e dos fenômenos introjetivos.

Klein afirmou que a introjeção de um seio bom garante a força de ego. Para Bion, a introjeção de uma relação inicial em que há um objeto (a mãe) que acolhe e escuta (*reverie*) e elabora os terrores, as angústias (pela sua função alfa) e responde por meio de uma comunicação compreensível ao bebê que ele pode introjetar é a base para um bom desenvolvimento emocional, para um crescimento da mente simbólica e da capacidade para pensar. Mas do que depende tal introjeção? Apenas de uma oferta ambiental adequada? E o que queremos dizer quando falamos em "força do ego"?

Voltando a meus casos clínicos anteriormente nomeados, creio que estamos lidando o tempo todo com o binômio *nature* × *nurture* ao examinarmos a estrutura psíquica inicial do indivíduo.

Nós, psicanalistas, tendemos a acreditar que as primeiras relações de indivíduo marcam e deixam um vocabulário "de sentir e de pensar"; acreditamos que a oferta de uma nova relação, a analítica, pode trazer mudanças psíquicas. Sim! Mudanças na maneira de lidar com as próprias estruturas mentais, mudanças na capacidade de articular e expandir o pensar, mas não mudanças na estrutura inicial, tal qual a estamos considerando!

A introjeção não estável do objeto bom (objeto que dê continência) pode acontecer pela insuficiência do objeto parental, ou por uma incapacidade de introjeção do sujeito, mas também pode acontecer porque o sujeito não conseguiu estruturar um espaço interno, a tridimensionalidade. A bidimensionalidade não mantém os objetos dentro de si, não mantém os construtos vinculares resultado das relações iniciais!

Voltando à questão "O que se entende por força de ego?", cito o trabalho de conclusão de Observação Mãe-Bebê (1992), do colega Isaias Kirchbaum,[2] que inicia desta forma:

> *O fracasso para poder viver a própria vida por si mesmo e com os outros, revela catástrofes que surgem nos estágios iniciais da vida. Juntamente com a não evolução ocorre o não desenvolvimento da capacidade mental necessária para processar experiências emocionais em particular aquelas que implicam dor mental. (Mélega et al., 2008, p. 59)*

Esse autor segue considerando que, diante do impacto promovido por impressões sensoriais e experiências emocionais, o bebê se encontra na condição de enfrentá-las ou de evadir-se. Sim, tal escolha será, em parte, determinada pela capacidade de suportar dor mental/frustração (considerada constitucional por Bion). É preciso também levar em conta a desproporção entre o montante de dor/frustração e a condição mental possível alcançada pelo bebê, conforme sua idade evolutiva, para lidar com tal experiência.

O contato com os relatos de observação dos alunos em supervisão semanal, em grupos didáticos por mim coordenados, foram aguçando minha escuta para acompanhar o vínculo mãe-bebê, o *reverie* materno, a capacidade do bebê de lidar com frustações.

Quantas histórias naturais fui seguindo e quantas reações dos alunos-observadores fui trabalhando com eles: o "furor antimãe" e a identificação, frequentíssima, do observador com o bebê!

---

2 Analista didata da SBPSP.

Dessas experiências, nasceu a curiosidade de verificar que relação haveria entre o *reverie* materno e a capacidade do bebê para desenvolver-se simbolicamente.

Lembramos que a atividade simbólica nessas idades é incipiente, e, que eu saiba, somente o método de observação de Esther Bick tem condição de acompanhar manifestações do bebê, como sons, manipulações e brincar, contextualizando-as na interação mãe-bebê.

Não estamos falando de desenvolvimento cognitivo do bebê, e, sim, do comportamento do bebê em interação com a mãe (ou substituta), do qual podemos inferir significados, tendo como referências teóricas Klein, Bion e Bick.

Comentamos em outro trabalho, "Da clínica psicanalítica à pesquisa em psicanálise" (2003), as possíveis motivações para que um psicanalista clínico adentrasse o mundo da pesquisa, no mundo do "homem científico"!

A pesquisa empírica aplicada ao desenvolvimento infantil pareceu-nos totalmente longe de nossos ideais para investigar mundo interno e interação da criança com seus pais. Principalmente o método de colheita do material a ser estudado, a nosso ver, se distanciava muito do método psicanalítico. Desenvolvemos, então, um método para a colheita do material.

Mesmo tendo como crença que o caminho mais curto para se aproximar da realidade psíquica é o apontado pelo "homem artístico", grandes poetas, pintores, escultores, músicos e outros, que foram os que primeiro deram significado ao nosso mundo mental, e depois que Freud construiu uma técnica e um modelo de mente, enfim, uma psicologia, valeu seguir minha "curiosidade" científica e, agora, contar a vocês alguns resultados dessa jornada.

O projeto de pesquisa

O projeto de pesquisa "*Reverie* materno e desenvolvimento da atividade simbólica do bebê entre 0-18 meses", por nós desenvolvido, teve primeiramente de criar uma metodologia de pesquisa. O *corpus* da pesquisa constou de materiais de observação supervisionados durante os meus grupos didáticos de estudo mãe-bebê Esther Bick. O referencial teórico está fundamentalmente apoiado em "Uma teoria sobre o pensar", de Bion (1962).

A descrição do projeto e os procedimentos para se estudar a amostra não serão aqui abordados. Apenas para dar uma dimensão macroscópica ao leitor, foram seguidas dezenove díades mãe-bebê na família nos anos 1996-1998.

A amostra constou de todos os relatos de visita de observação supervisionados (212).

A partir da amostra já colhida, colocamos em foco o comportamento da mãe e do bebê em certas sequências de interações por nós recortadas dos relatos das visitas de observação dos alunos e que mostrassem o início de um comportamento de frustração do bebê até a sua recuperação, que denominamos *episódios de frustração*. Foram, então, criadas três categorias que constam do Manual de Pesquisa:

1. *reverie* (R)/não *reverie* (NR);
2. episódio de frustração (manifestação da frustração (sinais), e possíveis desencadeadores de frustração inferidos pela observação da interação);
3. avaliação do comportamento do bebê frente à frustração (tentativa de solução/expulsão/evasão).

Nos primeiros meses de vida, o bebê manifesta sua frustração por meio de choros, gritos, esperneios, recusas, mal-estares físicos. Devido à própria condição expressiva do bebê, tais manifestações são consideradas comunicações lançadas ao objeto materno à espera de serem compreendidas e atendidas.

A capacidade de esperar o atendimento entretendo-se e a capacidade de recuperar-se logo da frustração, uma vez atendidas, são para nós sinais indiretos de capacidade simbólica do bebê, já que, com base na Teoria do Pensar, a capacidade de lidar com frustração é um indicador da condição de criar símbolos e pensamentos.

Cabe aqui um exemplo elucidativo relativo aos nossos comentários:

Díade 10 – Episódio 07-01 – Bebê com 2 meses e 22 dias

O bebê reclama. A mãe entra no quarto e comenta: "você não quer dormir mesmo. Vou levar você para lá". Pega o bebê com uma mão e, com a outra, o bebê-conforto. Caminhamos até a entrada da sala. Ela dá o filho para o colo do pai e deixa o bebê-conforto no chão. O bebê resmunga. A mãe sai para trabalhar e o pai coloca o bebê na cadeirinha, e ele resmunga. O pai leva-o para a cozinha. Sai do ambiente e deixa o bebê no chão da cozinha. Volta trazendo uma fralda de pano colorida e diz: "Olha o paninho de que você gosta". O bebê não liga para o paninho e continua a resmungar. A empregada fala da chupeta e coloca-a na boca do bebê. O pai senta-se à mesa e começa a almoçar. Chora, e o pai continua a alimentar-se. A empregada, agitada na cozinha, fala que o bebê não comeu direito. Ela acha que é fome, e o bebê berra de chorar e fica roxo. O bebê está tremendo. O pai pega o bebê-conforto e fica balançando. Ele berra mais e treme. O pai tem o semblante calmo. A empregada faz um suco de laranja-lima muito rapidamente e dá para o bebê. Ela não tem muito cuidado ao dar-lhe a mamadeira. Após o suco, o bebê continua a berrar, e os dois (pai e empregada) ficam conjecturando sobre a possibilidade de ele estar com fome. A empregada, agitada, vai preparar a mamadeira e fica na dúvida sobre a quantidade. O pai fala para ela fazer uma grande. O bebê mama cerca de 150 ml. No meio da mamada, a empregada pede para o pai segurar a mamadeira porque ela estava cansada (ela estava sentada no chão, ao lado do bebê). O pai acabara de almoçar. Ele vira a cadeira onde estava sentado e oferece a mamadeira ao bebê, que está no bebê-conforto, no chão.

O cachorro se aproxima, e o pai lhe faz carinho, trazendo-o para perto de seu corpo, enquanto dá a mamadeira à distância para o bebê. O bebê adormece com a mamadeira. O pai levanta do bebê-conforto e dá batidas leves nas costas do bebê, e, adormecido, vai no colo do pai até o quarto.

Nesse episódio, os "possíveis desencadeadores" de frustração foram categorizados como ausência da figura de apego, não *reverie* e "possível origem de desconforto físico ou psíquico"; podemos observar ainda o tempo decorrido entre o primeiro indício de frustração e o adormecer do bebê; este, continuamente, manifestava sua frustração ora resmungando, ora chorando, ora berrando e tremendo. Apesar de uma frustração prolongada com a falta de atendimento adequada, o bebê, quando atendido, aceitou prontamente a mamadeira e adormeceu. Entendemos sua capacidade de se recuperar, falando a favor da tolerância à frustração e capacidade simbólica. A expulsão da frustração deveu-se, de nosso ponto de vista, à prolongada espera em ser atendido.

Adentramos a teoria de Bion (1962) na tentativa de compreender a complexidade e a extensão do conceito de "*reverie* materno" e da capacidade simbólica do bebê. A leitura e discussão desses conceitos nos ajudaram na elaboração de definições das categorias que foram utilizadas na análise dos dados.

A relação proposta para investigação de *reverie* materno e a capacidade simbólica do bebê decorrem da teoria do pensar de Bion.

Para ele, o conceito de função alfa supõe que esta converta dados sensoriais e emocionais em elementos alfa, dando à psique material para os pensamentos oníricos. O bebê não consegue por si só fazer uso dos dados sensoriais e emocionais, e expulsa-os, por meio do mecanismo de identificação projetiva realista, para dentro da mãe.

A capacidade da mãe de *reverie* funciona como um órgão receptor das sensações que o bebê obtém de seu próprio *self*. Se a mãe não aceita as projeções, não funciona com *reverie*, o bebê reintrojeta as projeções, porém, carentes de significado (que uma mãe com *reverie* teria dado). O colapso da capacidade de *reverie* da mãe deixa tarefas que não são realizáveis pelo bebê (fundamentalmente aquelas tarefas de relacionar dados sensoriais e emocionais). Desse modo, a consciência rudimentar do bebê registra um objeto que propositalmente não acolhe e não compreende e com o qual vai se identificar.

Levamos em consideração a teoria de Bion para delimitar os episódios de frustração do bebê a partir de sua conduta de início: lidando com a frustração, evitando-a ou evadindo-se. O fim do episódio é delimitado pela conduta que indica restabelecimento para um estado de equilíbrio do bebê.

A categorização do *reverie* materno está apoiada na observação, na conduta da mãe em interação com o bebê, durante os episódios delimitados como de frustração. A observação de condutas da mãe, assim como do bebê, é extensiva a todo tipo de gesto, mímica, além da verbalização e a sonorização. Enfatizamos que a conduta pré-verbal é também simbólica.

Lembrando a relação feita por Bion (1962) entre a capacidade de tolerar frustração e o desenvolvimento simbólico (mostrado por meio do brincar e do pensar), resolvemos utilizar a reação à frustração como um indicador da atividade simbólica do bebê. Desse modo, o estudo da relação entre o *reverie* materno e o desenvolvimento da capacidade simbólica do bebê poderia ser realizado pela identificação e pelo recorte de episódios de frustração.

Cabe aqui um exemplo elucidativo, relativo aos nossos comentários:

Díade mãe-bebê 16

12 observações supervisionadas / 24 episódios de frustração, 14 tentativas de solução do bebê, 9 *reveries*,15 não *reveries.*

A pesquisa foi agrupada por trimestres.

No primeiro trimestre, temos <u>2 observações supervisionadas</u>: a mãe procura atender a comunicações do bebê, inquietude, choro, e faz tentativas várias para entender o que ele quer. Mantém um contato muito bom, no nível do registro possível do bebê, e este responde mostrando-se satisfeito ou acalmando-se. Nessas duas observações, temos: 5 episódios de frustração, 4 tentativas de solução e 5 *reveries.*

No segundo trimestre, temos: <u>2 observações supervisionadas</u>, bebê com 5 meses: a mãe tenta se separar por mais tempo do bebê, procurando não atendê-lo imediatamente em seu choro. Em um dos episódios (18/01), parece que a presença do OP (observador psicanalítico) está provocando no bebê a necessidade de ter a mãe ao alcance. A mãe acaba atendendo-o.

No episódio de 20/01, é nítido o estranhamento do bebê na presença do OP e ausência da mãe, mas esta não compreende a ansiedade do bebê. Atende-o após demora. A mãe interrompe a mamada em 20/02; o bebê aceita com poucos protestos, mas segue a mãe com os olhos e, quando a mãe sai de seu campo visual, muda de fisionomia e chora violentamente. Depois, acaba regurgitando. A mãe volta para limpá-lo e explica ao OP que ele logo vai engatinhar. Mãe sem *reverie* nesses episódios, desejando que o filho cresça e torne-se independente de seus cuidados.

4 episódios de frustração, 2 tentativas de solução e 0 *reverie.*

No terceiro trimestre temos: 4 observações supervisionadas (bebê com 7 meses). Episódio de 27/01: a mãe conta que o bebê chora muito quando ela se afasta. Observa-se que, ao afastamento dela para falar ao telefone, no mesmo ambiente, de modo que o bebê pode vê-la, ele se entretém levando brinquedos à boca, jogando-os à frente dele e procurando pegá-los de novo. Acreditamos ser um "*fort*/dá" esboçado, ou melhor: o brinquedo substituindo o peito (ele havia mamado minutos antes) que vai à boca, e ele o joga longe e tenta pegá-lo de novo, sendo ele agora dono da ação: ele afasta o objeto e recupera-o: uma atividade simbólica.

No episódio de 27/02, continua a mesma manipulação de brinquedos, que pensamos ser um brincar para recriar a mãe, que se afasta, e o bebê chora após dez minutos. Aos 9 meses, esse bebê mantém o padrão de estranhar o OP e reage ao ser invadido em sua autonomia.

6 episódios de frustração, 5 tentativas de solução e 2 *reveries.*

No quarto trimestre, temos: 5 episódios de frustração com duas tentativas de solução e 0 *reverie.*

No quinto trimestre temos duas observações: o bebê está com 1 ano e 28 dias e descarrega a emoção-susto dando mordidas na mãe, que lhe responde dando um tapa na boca, e, assim que é acalmado, ao ser colocado em contato com brinquedos, regurgita. Ele está desinteressado nos brinquedos e interessado na mancha do tapete, consequente da regurgitação, o que faz pensar na necessidade de o bebê ter contato com aquela situação acontecida e procurar compreendê-la. A mãe acaba permitindo.

Com 1 ano, 5 meses e 9 dias, o bebê reage à mudança de atitude da avó, que estava no lugar da mãe ausente. A avó acaba pegando no sono, e o bebê deita-se no tapete onde brincava com argolas, agora batendo as mãos no tapete e dizendo baixinho "má-má-má" e "pá-pá-pá", ou seja, tentando recriar a presença do pai e/ou da mãe, servindo-se de suas internalizações, para lidar com a ausência de uma figura de apego (atividade simbólica em curso!).

Na maioria dos episódios de frustração, houve reação do bebê à ausência da mãe, e, por fim, ela lida com a frustração após algumas tentativas do bebê de solucionar sua frustração.

3 episódios de frustração, 1 tentativa de solução e 0 *reverie*.

No sexto trimestre, temos: 2 supervisões, 5 episódios de frustração, 2 tentativas de solução.

Finalmente, a pesquisa nos colocou diante das seguintes respostas:

1) há uma relação direta entre o número de episódios de frustração do bebê e o número de não *reverie* da mãe;
2) não há relação entre o número de tentativas de solução da frustração do bebê e o número de *reverie* da mãe, o que corroboraria o fator constitucional no bebê, como preconizado por Bion.

A descrição da pesquisa completa e seus resultados estão nos trabalhos "*Reverie* materno e desenvolvimento da atividade simbólica do bebê entre 0-18 meses" (2008) e "A New Research Methodology Based on Esther Bick's Observation Method" (2002).[3]

3 Trabalho apresentado no VI° Congresso Internacional sobre o método de observação de Esther Bick, em 2002, na Cracóvia.

2. Mente simbólica: nascimento

Neste Capítulo, pretendemos mostrar o início da formação simbólica, tomando cenas de observação da relação mãe-bebê (Esther Bick), que servirão de ilustração da Teoria do Pensar de Bion (1962).

Esther Bick, psicanalista da Sociedade Psicanalítica Britânica, em 1948, passou a usar o método de observação de bebês com alunos do curso de psicoterapia da infância da Tavistock, com o intuito de "ensinar" a primeira habilidade de que um psicanalista ou psicoterapeuta necessita antes de fazer interpretações, antes de aprender a teoria, e que consiste em torná-lo apto para estar, ver e escutar o paciente. A partir de dados de observação colhidos com sua técnica, foi tendo uma leitura da sequência de interações, o que lhe permitiu encontrar sentidos das interações, e, desde então, a observação de bebês passou a ter a configuração de observação da relação mãe-bebê.

Vemos, então, que Bick, partindo de um método experimental, chegou a fazer uso desse método, acrescentando uma leitura que sua formação psicanalítica lhe possibilitava. Embora o contexto da observação fosse natural no ambiente familiar, e não um *setting* como o do trabalho analítico, ao se lerem seus trabalhos e as supervisões que ela fazia dos materiais colhidos nas visitas de observação, é possível verificar que usava o vértice analítico para a compreensão das interações da mãe e do bebê.

Sua ênfase estava na observação da interação nos fenômenos interpessoais, embora tivesse também preocupações com o intrapsíquico. A sua experiência de supervisão em observação mãe-bebê levou-a a algumas novas formulações teóricas, que veremos no próximo Capítulo.

A visão epistemológica da relação mãe-bebê, proposta por Bion – uma relação também de conhecimento a partir da função mental da mãe, que dá significados que ajudam o bebê a construir seu aparelho psíquico –, ao ser aplicada a um material de observação mãe-bebê, permite acompanhar a receptividade, *reverie*, da mãe e os significados que ela produz e oferece ao bebê, pela ação de sua função alfa. Permite ver como o bebê responde aos significados da mãe, lida com as interferências e cresce.

Dividi o relato de uma visita de observação da relação mãe-bebê em sucessivos movimentos, para dar ênfase aos momentos da relação em que a mãe tentava modular a angústia e dar significados às comunicações do bebê, para permitir que eu fosse introduzindo meus comentários.

Nessa visita, Paulo tem 8 semanas de vida. É o terceiro filho de uma família de classe média. Tem sido amamentado. A observadora[1] vai semanalmente visitar a mãe e o bebê e frequenta seminários de observação da relação mãe-bebê, de acordo com o método Esther Bick da Sociedade Brasileira de Psicanálise de São Paulo.

Paulo está no colo da mãe, com os olhos bem arregalados, e a mãe informa que ele já havia mamado um peito.

---

1 Agradeço à Regina Junqueira pelo seu material de observação.

1º movimento

A mãe oferece o segundo, peito e Paulo logo pega o mamilo e começa a sugar intensamente. Pouco tempo após, Paulo para alguns segundos, emite alguns sons e recomeça a sugar, os olhos estão abertos e olhando em direção ao rosto da mãe. Esta percebe a atenção do bebê e responde, conversando com ele. Paulo continua olhando fixamente para a mãe e mamando. A mãe fala com a observadora, e Paulo continua mamando tranquilamente e olhando para o rosto da mãe.

Vemos uma mãe disponível e em sintonia com o seu bebê, com *reverie* também atendendo a outros interesses (está com o bebê, mas pode estar com a observadora também). O bebê mostra recursos para manter-se ligado à mãe, usando seus olhos fixos nela e sua boca agarrada ao peito.

2º movimento

Os irmãos do bebê entram no aposento, querendo algo da mãe. Ela responde que não pode agora, por estar amamentando o bebê. As crianças insistem, e a mãe tenta dissuadi-los. Paulo continua sugando, até que vai ficando inquieto, larga o mamilo e não consegue pegá-lo novamente. A mãe o ajuda, ele retorna à mamada, mas volta a se inquietar, afastando-se do peito novamente. Movimenta-se, buscando de novo o peito. A mãe também está inquieta ao tentar atender ao bebê e às duas crianças. Pede, então, que saiam do quarto, prometendo atendê-las assim que terminar. As crianças saem.

A mãe rege o contexto da amamentação, tentando mantê-lo livre de interferências e consegue conter as crianças, e isso a tranquiliza para voltar-se para o bebê. E o bebê reage à mudança da mãe, "estranhando o peito", que não é agora igual ao que vinha sendo.

3º movimento

A mãe se empenha, agora, em acalmar Paulo, voltando toda a sua atenção para ele. Paulo responde aos esforços da mãe e volta a mamar. Seus olhos vão se fechando e permanece um tempo com o mamilo na boca, sem sugar. Larga o peito e espreguiça-se e, ao se movimentar, esbarra o braço no mamilo e passa a olhar fixamente para o peito. Sorri, abre a boca, tentando abocanhar o mamilo, e bate a boca, afastando-se depois, parecendo brincar satisfeito. Permanece um tempo no colo, tranquilo. Elimina gases. A mãe o coloca deitado, de costas na cama, falando-lhe que espere um pouquinho, junto com a observadora, e sai para ir atender às outras crianças.

A mãe trabalha para mudar a "estranheza" que o bebê sentiu pela modificação de seu estado ao ter de lidar com a invasão de outros filhos e seguir com a relação alimentar. Paulo responde e volta ao peito, e pode usá-lo para elaborar a experiência de interrupção sofrida há poucos minutos. É como se o bebê "tivesse experimentado um peito interrompendo sua boca", e agora é sua boca que larga e retorna ao peito, fazendo-o sofrer a ação. O clima de satisfação sugere que Paulo está brincando, no sentido usado em psicanálise (Klein).

4º movimento

Paulo mexe os braços e a cabeça, olhando de um lado para o outro; quando sua mão passa pelo campo visual, detém-se a olhá-la fixamente e, com muito esforço, tenta colocá-la na boca; algumas vezes consegue e suga a lateral da mão que está fechada.

A mãe se ausentou. O bebê mostra ter ficado com a boa experiência do seio e da mãe, e, assim, pode estabelecer a união boca-peito pela sua capacidade de preencher a ausência do objeto original com o objeto substituto. Ele faz uma equação simbólica (Segal), ponto de partida para a formação de símbolos e do pensamento.

5º movimento

A mãe retorna e vê o bebê fazendo movimentos com a mão, e fala com a observadora que, nesses dias, ele descobriu a mão e está esperto e atento aos sons.

A mãe mostra à observadora, que percebe as mudanças do bebê, e, ao que tudo indica, entre eles há relação de reciprocidade.

6º movimento

Paulo passa a fixar um ponto no teto e a brincar com esse ponto. Sorri, olha fixamente, e assim ele permanece alguns segundos. A observadora olha para o teto e vê apenas um teto branco, mas acha que o bebê encontrou algo lá e entretém-se. A mãe percebe isso e trata-o com palavras carinhosas, dizendo que ele está mais tranquilo essa semana.

A conjectura é que Paulo, ao ouvir a voz da mãe, é capaz de recriar o objeto ausente (que antes estava sendo equacionado em seu *self*, pela mão na boca). A "criação" de Paulo estaria sendo feita pela união do registro interno da experiência com a mãe mais a voz concreta da mãe no aposento, portanto, uma formação simbólica. Vemos o bebê contente e entretido com sua "criação".

7º movimento

A mãe se coloca entre o olhar do bebê e o ponto que ele está fixando no teto e começa a falar: "Paulo, olha a mamãe, estou aqui...".

Paulo continua fixando-se no ponto, embora a mãe seja um obstáculo; é como se olhasse através dela... Paulo não fixa os olhos na mãe, não interage com ela. A mãe insiste e, olhando para ele, balança a cabeça e continua falando com ele em voz carinhosa, aproximando-se mais ainda. Agora, Paulo olha para ela, sorri, movimenta os braços e as pernas, emite gritinhos, como que correspondendo à conversa da mãe.

A mãe interrompe o "entretenimento" do bebê a todo custo, assustando-o. Ela, ao interpretar a falta de resposta imediata do bebê ao seu retorno como tendo sido preterida, mostrou angústia de separar-se do bebê e perdê-lo. A hipótese é que o bebê se viu pressionado a abandonar sua "criação" (sua formação simbólica) para atender a uma mãe real e angustiada.

8º movimento

Paulo regurgita algumas vezes, mostra-se inquieto e choraminga.

Conjecturamos que o impacto que Paulo sofreu pela interrupção não foi totalmente "digerido", e parte do estímulo (elementos beta não transformados) foi evacuado do corpo sob forma de um sintoma físico, a regurgitação.

9º movimento

A mãe o pega no colo e segura-o de barriga para baixo. Paulo esperneia e resmunga, mostrando-se frustrado. Ela o levanta e tenta acomodá-lo no sofá, e coloca ao lado dele uma caixa de música. Paulo busca com os olhos de onde sai a música, e o som acalma seu resmungo. Movimenta os braços, que batem na caixa, mas parece não se incomodar com isso. A mãe, porém, aflige-se e, em uma atitude protetora, afasta a caixa de música dele – Paulo volta a chorar.

A mãe tenta encontrar um modo de acalmar o mal-estar do bebê. O som que vem da caixa de música o entretém. Mas, novamente, a mãe o interrompe, por enxergar a necessidade de proteger o bebê para ele não se machucar, mas não enxerga o anseio do bebê por um objeto que sensorialmente o satisfaça e para substituir momentaneamente a satisfação que a mãe possa oferecer.

10º movimento

A mãe o levanta e tenta oferecer-lhe a chupeta, que, na verdade, ele não quer. Ela insiste, pois acha bom para as cólicas. Ele fica com a chupeta na boca, mas tenta devolvê-la: a mãe não permite, e ele a desloca de um lado para o outro da boca e chora. Ela põe um pozinho branco na chupeta e volta a oferecê-la a ele. Paulo acaba aceitando, sem mostrar satisfação.

A mãe age instintivamente, tentando acalmar seu bebê e encontrar algum sentido no que está sendo expresso por ele. Frequentemente, o sentido que ela dá à conduta está referido ao mal-estar físico, à cólica... Ela nem sempre percebe o que está se passando com o bebê e suas interpretações nem sempre estão adequadas. Mas o bebê tenta lidar com as interpretações recebidas pela mãe, ora recusando-as, como quando a mãe o coloca de barriga para baixo, ou quando afasta a caixa de música, ora aceitando-as, como quando impõe sua presença, e ele, no 7º movimento, assusta-se, ou como quando ele acaba aceitando a chupeta. Está presente o tempo todo sua atenção e suas tentativas de compreender e comunicar-se com o bebê. Vemos que esse conjunto de atitudes é suficiente, em vários momentos, para modular as ansiedades do bebê e permitir que ele continue em contato com a mãe e com suas próprias experiências. Pudemos acompanhar as várias experiências que o bebê teve com as interrupções. Seu desenvolvimento (2 meses) não lhe permite que vá "atrás do objeto" e recupere-o. Contudo, sua comunicação, resmungando, choramingando, é eficaz no sentido de levar a mãe a continuar investigando do que o bebê precisa. Quando a mãe está angustiada, sua percepção se estreita. Isso fica claro no 7º movimento, em que o bebê é capaz de "criar novos interesses" na sua ausência, e ela o interrompe, por entender que ele a deixou, ou que ele ficou perturbado pela ausência.

Na descrição dessa observação, pudemos acompanhar movimentos em que há sintonia entre a mãe e o bebê, e é quando ela se oferece como um modelo satisfatório de função mental, com continência, dando significados, e o bebê é capaz de internalizar essa função e usá-la na sua ausência. A partir do 5º movimento descrito, notamos o bebê com capacidade de "recriar a mãe" em algum aspecto, mas com ela angustiada por sentir-se dispensada. A mãe não compreendeu que estava diante de uma capacidade do bebê e que ela tinha contribuído para isso. Ela interpretou a não resposta imediata do bebê à sua volta ao quarto como uma perturbação da relação de dependência, e não como uma autonomia do bebê, que mostra capacidade de ficar um pouco sem a mãe. A independência do bebê (poder recriar a mãe na ausência dela e na presença de sua voz) custou a ele ter de se "encarregar da angústia materna", uma sobrecarga que se revelou pelo "quase choro" e pela regurgitação. Daí para a frente, na descrição da observação, as interpretações, os significados da mãe não parecem corresponder à experiência do bebê...

É possível imaginar que, nessa relação M.-B., em que há a presença de *reverie* e função alfa da mãe e a internalização pelo bebê dos significados que ela oferece, havendo inclusive uma reciprocidade entre eles, o B. começa a "criar substitutos da mãe", em sua ausência, mostrando com isso os primórdios de sua mente simbólica.

Vejamos um outro exemplo, cenas de uma visita de observação de John, com 9 meses.

A mãe abre o portão para a observadora, com John no colo, e avista um cavalo amarrado em um poste. Chama os outros filhos para que venham admirar o cavalo. Eles se aproximam, e a mãe pega na mão de um dos filhos e dirige-a para acariciar o cavalo. Em seguida, pega também a mão de John e ajuda-o a tocar o cavalo. John estremece inteiro, e a mãe ri da reação dele, mas ele olha-a assustado; novamente, ela dirige sua mão para acariciar o cavalo e, mais uma vez, John tem um tremor, ensaia um choro, mas a mãe parece querer habituá-lo àquele contato, e John permanece agarrado à roupa da mãe com certa tensão.

Na cena seguinte, a mãe e John entram na sala de TV, e John é colocado de pé diante de uma estante. A mãe e o observador sentam-se no sofá ao lado. John inicialmente resmunga, mas em seguida se entretém com duas caixas de ferramentas de plástico. Coloca a mão dentro da caixa e tira o martelo. Em seguida, ele deixa cair o martelo no chão e vai aproximando a caixa dele, a caixa cai no chão, e John dá risada. Emite sons parecendo estar conversando com a caixa. John se abaixa e, com uma das mãos, pega a caixa de ferramentas, levantando-a até a altura de seu peito, largando-a, observando a queda e piscando ao barulho que resulta. Repete esse movimento de cinco a seis vezes, com prazer. Interrompe a brincadeira quando entra o irmão, que pede biscoito à mãe. Enquanto isso, John se agacha e pega a caixa, conseguindo sustentá-la por mais tempo, a ponto de devolvê-la à estante.

Esse nos parece um exemplo incipiente de elaboração, pelo brincar, da possível experiência emocional sofrida, vivida. Em um primeiro momento, John tem uma experiência emocional de medo do novo (o contato com o cavalo), que se manifesta pela conduta de agarrar-se, subindo pelo colo da mãe, fazendo-nos supor que teve uma sensação de estar caindo, o que corresponderia a perder momentaneamente a continência psíquica pela invasão da emoção medo. Na cena seguinte, é descrito um movimento lúdico do bebê, que deixa cair um brinquedo várias vezes, mostrando muito prazer com isso. Além de entendermos nessa situação o prazer do bebê de fazer sofrer a ação e poder repeti-la quantas vezes quiser, até "descarregar sua tensão", conjecturamos também que, por meio dessa manifestação, o bebê compreendeu, deu sentido àquele mal-estar e medo (contato com o cavalo), ficando, então, disponível para brincar. John, a partir daquela ação de "fazer cair" a caixa no chão, parece que equivaleu a emoção sofrida de estar "caindo do colo" da mãe com a queda da caixa, agora provocada por ele. A partir de uma ação que começou "por acaso", o bebê acabou usando-a para representar sua experiência emocional como o início da formação de símbolo e, por sua vez, tal representação ajudou-o a aliviar a emoção que sofreu, agora equivalendo-a a uma queda.

Frequentemente, observamos a tentativa da criança de solucionar uma frustração por meio de condutas que sugerem uma atividade lúdica que, porém, não chega ao fim e é interrompida pela frustração de não conseguir, por uma impossibilidade motora ou "pela ruptura da relação continente internalizada".

Sônia, uma bebê de 1 ano e 2 meses, desde o início da visita está tentando solucionar um problema: a mãe não está em casa, saiu, e quem chegou foi a observadora. A bebê faz referência à ausência da mãe e reúne recursos para ir fazendo uma transferência do vínculo da mãe para a observadora. Sônia vai incluindo a observadora no seu mundo, e esta se oferece como companheira lúdica, ao que a bebê corresponde continuando a brincar e a usufruir de sua presença. É perceptível o trabalho de elaboração da bebê com seu balbucio, seu alheamento, suas tentativas de pensar a respeito daquela experiência e de ir fazendo uma passagem de "coisa por coisa" do relacionamento da mãe para o da observadora. A mãe chega e fica desapontada com a reação da bebê (ressentida com a mãe, por tê-la deixado) e não responde prontamente e com entusiasmo à sua chegada. Ela tenta reconquistar a filha de um jeito carinhoso, mas brusco e invasivo, interrompendo a "criação" da bebê (ter conseguido transferir o vínculo para a observadora por meio de sua capacidade de simbolização). A seguir, podemos acompanhar o comportamento dessa criança, que estaria indicando o que pode ter-se passado na experiência dela com a chegada e a interrupção brusca da mãe, que foi equiparada por Sônia a "balançar com força e deixar cair uma boneca". Por fim, ela brinca de ir longe e voltar para os braços da mãe, com a alegria de ser a dona de ir e voltar; e pode fazer o mesmo com a observadora, mostrando ter alcançado a capacidade de transferir vínculos.

3. Vicissitudes na formação da mente simbólica

Selecionamos o caso Betina para mostrar que, enquanto não houver a internalização de um objeto continente, a criança não tem condições de enfrentar, sem a presença externa desse objeto (no caso, a mãe), o temor de ser aniquilada, ou qualquer outra manifestação sensorial, pois não há condições de simbolizar, no início, na ausência do objeto externo.

Sabemos que, desde o nascimento, o bebê, além de ser alimentado e cuidado, precisa de um objeto (geralmente a mãe) para apegar-se, aderir-se e desenvolver um sentimento de "pertencer a". Os estudos etológicos maternos sobre o desenvolvimento da personalidade levaram Bowlby (1982) a formular o vínculo de apego; este se manifesta no comportamento do bebê, que busca estar próximo da pessoa preferida, que assim se torna a pessoa que cuida dele desde o início. O conceito de apego difere do conceito de dependência, que entende que os vínculos se desenvolvem porque o indivíduo descobre que, para satisfazer certos impulsos, por exemplo, alimentar-se, necessita de outro ser humano.

A tese de Esther Bick, a partir de seu trabalho com observação de bebês, é que, em sua forma mais primitiva, as partes da personalidade do bebê, ainda não diferenciadas com as partes do corpo, são sentidas como não tendo força alguma que as mantenha unidas. Seriam esses os estados de "não integração" que este vive no início. A presença sensorial da mãe (braços, seios, voz e cheiro) e sua função mental (*reverie* e função alfa) (Bion, 1962) funcionam como objeto integrador.

Sua visão da dependência passiva do objeto para integração do ego contrasta com a noção de Klein e da ênfase ao mundo externo como determinante primordial do desenvolvimento inicial da personalidade.

O primeiro objeto, segundo Bick, é o que dá a sensação de existir, de ter uma identidade. Em sua ausência, há uma sensação de dissolução, de deixar de existir. Bick reconheceu a necessidade de uma fronteira que dê a noção de dentro e fora. Segundo ela, as partes da personalidade, que, no início, equivalem às partes do corpo, em sua forma mais primitiva, sentem não ter força alguma que as ligue entre elas e que a pele e as sensações são sentidas como uma fronteira entre o dentro e o fora. Essa experiência do bebê permite-lhe ter uma noção de um espaço interno, pois a experiência de estar contido por uma pele ocorre pela existência de um objeto concreto, a mãe, que segura o bebê em seus braços, escuta-o, olha-o e transforma suas comunicações acontecidas por identificação projetiva; portanto, o bebê tem experiência com um objeto que tem um espaço interno dentro do qual ele pode projetar. Assim, a formação simbólica pode se iniciar.

À sensação da pele se unem logo a outras percepções: da boca, dos olhos, das mãos: cada buraco é fechado por um objeto que completa a sensação de fronteiras. A combinação entre a sensação da pele e a contenção psicológica leva às seguintes conclusões: 1) o ego corporal começa com a pele e estende-se à boca, aos olhos, aos ouvidos e às mãos; 2) as experiências iniciais que compõem a base do ego são passivas, pela presença do objeto externo, o que enfatiza a dependência de tal objeto.

Quando o bebê não chega a experimentar a sensação de fronteira, ele pode adquirir uma defesa chamada de "segunda pele": ao ter repetidas experiências de liquefação (não tem a pele psíquica que o mantém unido), o bebê tem dificuldade de criar a noção de espaço interno no objeto, onde possa projetar e ser recebido. Em vez disso, ele adere ao objeto externo, identificando-se por mímica e imitação (é a identificação adesiva de Meltzer e Bick, 1986). Assim, a formação simbólica vê-se impedida, como veremos no caso de Arminda.

Manuela-Betina é um par mãe-bebê (M.-B.) que foi supervisionado pela autora no Curso de Observação da Relação Mãe-Bebê na Família.[1] Escolhi-a para esta apresentação por parecer-me exemplificar as mudanças de conduta que a Betina foi tendo à medida que a mãe deu seguimento à sua ideia de desmamá-la e as repercussões em sua saúde.

A observadora assistiu, nas cinco primeiras semanas de vida da Betina, a uma amamentação feliz. Betina sugava com empenho o peito que a M. oferecia e havia um ritmo bem estabelecido entre as duas, sem desencontros; M. e Betina se entregavam tranquilas à relação, e havia muito carinho entre elas, reconhecendo o quanto Betina gostava do peito (a observadora ficou bastante emocionada ante essa visão). Foi possível notar na Betina o total vínculo com a M., quando esta lhe dirigia a palavra, e Betina respondia balbuciando, movimentando os braços e pernas, e preferindo ficar em

1 Agradeço à Mariza Naldony Nassour pelo material de observação.

uma posição em que pudesse enxergar o rosto da M., sendo esse seu foco de atenção preferido.

Na visita em que Betina está com 5 semanas, a observadora encontra M. de malas prontas para viajar, para uma cidade próxima, junto com Betina e a filha maior, por quinze dias. Diz que seu leite está diminuindo, que, outra noite, foi ao cinema com o marido, deixou o Betina com a avó materna, a qual lhe ofereceu, a título de experiência, uma mamadeira de leite; Betina sugou um pouco e acabou dormindo das 22h00 até as 5h00 da manhã. Achei ótimo! Mas a coisa não durou, porque ela passou a acordar, nos dias seguintes, de hora em hora.

Betina (7 semanas), no carrinho empurrado pela M., está alegre, gordinha, bonita; mexe braços e pernas; passa a língua nos lábios ao ver a observadora e vira a cabeça de um lado para o outro.

M. sai do quarto; Betina movimenta-se e olha fixamente para um ponto... M. volta e comenta com a observadora que Betina continua com cólicas e chorou muito na noite passada. M. se dirige a ela falando carinhosamente, e Betina balbucia e se mexe inteira, "conversando com a M.". M. conta que ela não evacuou hoje e todos os dias, a partir das 18h00, chora muito. A empregada vem chamar M., e esta sai do aposento, deixando Betina de frente para a observadora. Betina mexe perninhas e braços, passa a língua nos lábios e, de repente, fixa-se em um ponto (uma claridade), ficando imóvel por algum tempo. (É possível pensar que Betina, diante da ausência de M. e presença da observadora, tenha experimentado uma sensação de aniquilamento, que buscou conter estando imóvel e fixando-se em uma claridade, tentando criar um objeto que a contivesse... mas...).

Betina começa a chorar, contorce-se e parece evacuar; M. volta, pega-a no colo, e Betina se acalma logo ao enxergar M., acompanha atentamente sua conversa, balbucia e dá gritinhos com a presença da mãe – ela se reintegra.

M. conta, então, à observadora que, infelizmente, vai desmamar Betina porque terá de passar uma semana fora, e a avó materna cuidará das duas filhas. Embora ache "um saco amamentar, seria bom para o Betina, porque ela adora o peito! Mas não vai ter jeito".

M. coloca Betina no carrinho e vai atender ao telefone, e Betina se movimenta, fixa o olhar em um ponto e, em seguida, chora.

M. volta, toma-a no colo, e Betina para de chorar. A M. comenta que ela gosta de colo, "agora pegou mania".

(É visível na Betina a instabilidade do vínculo de apego que a faz sentir-se em perigo com a ausência física da M.).

M. deixa-a no carrinho, dizendo que vai trocá-la, sai para buscar as fraldas. Betina faz força com as pernas e começa a chorar.

M. volta e, no sofá, troca as fraldas... Betina, já calma com a presença de M., começa a balbuciar.

Colocada no carrinho, com M. embalando-a, Betina está bem.

M. se ausenta novamente (para atender à irmãzinha), e Betina chora.

M. volta e pega-a no colo. Betina para de chorar e procura o seio. M oferece-lhe a mão para sugar, dizendo que já havia mamado. Anda com Betina por toda a parte, e esta se acalma.

Quando a coloca de novo no carrinho, Betina chora.

M. embala o carrinho, Betina se aquieta.

M. sai de novo para atender à irmãzinha, e Betina chora novamente.

Esta observação foi muito aflitiva para a observadora. A M. sabe que vai deixá-la e parece que exatamente esse prenúncio de afastamento, de desligamento, está sendo vivido pela Betina como uma ameaça de perda (óbvio que a bebê não está captando o conteúdo das palavras da M. quando ela diz que vai ter de desmamá-la porque vai passar uma semana fora). Acreditamos que esse conteúdo na mente da M. produz atitudes de desligamento dela, e estas são registradas pela criança; por exemplo, a própria conduta de pegar e deixar o bebê a toda hora, como no relato que acabamos de ver, parece ser a expressão de sua ambivalência.

Na visita que acabamos de descrever (7 semanas), podemos acompanhar e tentar compreender o sentido da conduta do Betina, que se manifesta agitando braços e pernas como se lhe tivessem tirado um arcabouço e tenta, com os olhos, focalizar um estímulo que a mantenha por um tempo "coesa", tentando substituir, assim, momentaneamente, as funções da M.

A experiência de não integração é vivida como aniquilamento, como catástrofe, como liquefação de si..., e essas sensações, que seriam o "equivalente ao estar morrendo", incrementam a necessidade de se aderir sensorialmente ao objeto materno.

A necessidade de colo, de mamilo na boca, pode ser transitoriamente substituída por contrações musculares, tentativa de autocontenção, defesa que Bick descreve como uma "segunda pele psíquica".

O que vemos nesta visita de observação é Betina tentando se conter até que a ameaça de aniquilamento surge, e ela chora. Com a presença da M., Betina se reintegra, pela visão e pelo contato físico, o colo, até que busca o peito para ter o mamilo na boca, objeto ótimo para contê-la. Lembramos que a Betina estivera tentando contenção usando sua língua nos lábios por várias vezes (língua como substituto do mamilo).

"Agora, Betina (11 semanas) está na mamadeira, porque vou viajar na segunda-feira, e substituí o peito. Só que ela não aceita a mamadeira, só a chuquinha, acho que é porque o bico é mais molinho."

"Também não aceitou o leite – mamava e vomitava. Agora, com o leite, aceita melhor". M. segura o B. sentado e recostado, olhando para fora (antes ficava virado para M.), e está com os braços abertos e descoordenados; abre as mãos e suga devagar. O observador lembra que, quando B. estava ao peito, ficava muito ativo, procurando o peito com a mão e mamando com energia. Agora, parece mais passivo, mais vagaroso. M. conta que B. só aceita um bico, embora haja várias "chuquinhas". B. termina a chuquinha, e M., ao tirar o bico para enchê-la de novo, derruba-o no chão e chama a empregada para ferver o bico; B. chora e estica as pernas com força, expressando frustração. Enquanto o bico é fervido, M. tenta oferecer outro; B. começa a sugar e solta-o em seguida, debate-se e chora. M. constata mais uma vez sua recusa a "outros" bicos. A empregada traz o bico fervido que M. põe na chuquinha e B. aceita e suga vagarosamente, colocando a mão sobre a chuquinha e enroscando na fralda a outra mão, que fica em cima do rosto. M. retira-lhe a mão, dizendo ficar difícil assim, e B. agarra a fralda com a mão esquerda e apoia na chuquinha a mão direita. Suga todo o conteúdo, mas sempre levemente. M. constata que ela está ainda com fome e volta a encher a chuquinha, e, nesse momento, B. se vira procurando o seio.

M. oferece-lhe a chuquinha e B. torna a sugar. M. comenta que está mamando muito e pode vomitar tudo, como já aconteceu ontem. Nesse momento, B. se engasga, regurgita um pouco, e M. tira a chuquinha; diz para a observadora que faz uma semana que está com a chuquinha, mas que, à noite, dá o peito, porque tem pena dela – "Meu peito empedrou depois que B. parou de mamar". "Vou morrer de saudade dela. Não sei se vou aguentar."

A observadora pensa em como está sofrido para M. levar adiante sua decisão de desmamar B. B. está mais parada, olhando fixamente um ponto; dá uma sensação de desanimo, de depressão. M. comenta com a observadora que B. não vai sentir tanto, mas que a filha maior, sim. Ela está andando com B. em pé, no seu colo, e, quando se senta, ela reclama.

M. volta a andar com B. no colo, mas como está bastante pesada, volta a sentar-se.

B. reclama de novo, e M. coloca-a no carrinho.

B. chora.

M. pega-a de volta no colo e coloca-a deitada, fazendo movimentos com sua perna, e isso acalma B. M. coloca-a, então, no carrinho e embala-a.

Notamos na sequência desta observação que B. somente consegue acalmar-se por sentir-se contida no colo e sendo embalada, modo de contenção que Betina já havia superado um tanto, e mantinha com a M. uma relação em que respondia à comunicação verbal, e a presença visual de M. era suficiente para contê-la. Mostrava uma menina alegre, viva, em contato com o ambiente. No momento em que a M. lhe "retira o peito", objeto concreto externo continente, vai havendo uma volta aos estados de não integração e busca de contenção pelo contato físico, necessidade intensa de contato físico com o objeto externo (contato adesivo de pele, movimento rítmico). A voz e o olhar da M. passaram a não ser mais suficientes para contê-la; agora, necessita de um apego total e físico do objeto externo-mãe.

Na semana seguinte, a observadora, ao chegar, surpreende-se com a presença da M., que deveria ainda estar viajando, mas voltara naquela madrugada porque a filha mais velha adoeceu. Febre alta. A M. também chama a atenção para uma reação alérgica nas suas pernas, que a obriga a tomar cortisona para que essa reação não evolua para bolhas. A M. acredita que isso acontece quando há uma mudança brusca de tempo.

Betina (12 semanas) está risonha e olha para a M. quando conversa, e responde com alguns sons, parecendo mesmo uma conversa entre as duas

M. tem noção de que B. se ressentiu ao ter-lhe retirado o peito, e que o melhor leite é o materno, e ela tinha leite. Hoje de manhã, deu peito para B., que pegou rápido.

Nota-se nesta visita que Betina conseguiu uma adaptação à ausência de M., aceitando a mamadeira, mas o novo contato com o peito naquela manhã parece tê-la enchido de alegria: o peito e a M. não desapareceram, não foram destruídos; B. está mostrando capacidade de tolerar essa frustração, de aceitar substitutos, o que, porém, exige dela um grande trabalho de ter de lidar com a ameaça e a depressão ocorridas quando o objeto de apego faltou!

Francis Tustin afirma que B. recém-nascido, a princípio, não tem experiência do mundo exterior, do corpo da M. ou do seu próprio como separados, não há experiências Não-Eu. Esse conhecimento vai crescendo à medida que a integração neuronal e mental se desenvolve e a personalidade lida com a ansiedade surgida da consciência de ser separado. Trabalhos clínicos indicam que a perda da conexão umbilical com a M. é compensada pela conexão sensorial com o bico do seio, que tem uma significação nata. Quando essa ligação primária é perturbada (por exemplo, um desmame precoce), a criança é exposta a uma consciência da separação corpórea da M., entrando em um estado de hipersensibilidade. Alguns autores, como Stein, chegaram a sugerir que as reações defensivas à percepção prematura de ser separado são similares às reações imunológicas por parte do corpo ao rejeitar ou aniquilar tecidos estranhos, configurando-se como uma reação autoimune, para rejeitar ou aniquilar as experiências "Não-Eu".

A visita de quando B. está com 13 semanas não ocorreu. A observadora, ao chegar, é informada que o B. foi levada ao hospital.

Betina (14 semanas). M. está de saída para o médico e conta o que ocorreu.

B. estava com o nariz congestionado, catarro no peito e dificuldades de respirar; foi levada ao pediatra, que receitou "remédios fortes", e, à noite, Betina estava com o coração acelerado (200/s) e os lábios arroxeados, e foi levada ao pronto-socorro – "Quase perco minha filha", diz M.

Agora, está com cortisona – tem crises "convulsas" de choro. Aceita a mamadeira, mas suga vagarosamente, e a avó também comenta que B. gosta mesmo é do peito.

A M. oscila entre dar ouvidos à sua intuição e estar com a B., amamentando-a, e achar inevitável que esta tenha que passar por este sofrimento, ao retirar-lhe algo vital. Parece haver uma força externa estabelecida que é contrária a que ela e a bebê permaneçam juntas. O quanto essa força é uma circunstância externa e o quanto é um aspecto negado da realidade interna da M., deixo de lado neste momento.

A continuidade da observação está nos levando a novos conhecimentos sobre Manuela e Betina. Assim, após o "susto de perder a filha", Manuela decide voltar a dar o peito, que Betina aceita muito bem. B. suga com avidez e ritmo, e, agora, agarra com suas mãos a blusa e a mão da M.; recusa a mamadeira sempre que lhe é oferecida. Todavia, as vivências da separação corporal precoce deixaram marcas; o sintoma agora é acordar chorando várias vezes à noite e acalmar-se somente ao contato com o peito. Isso acontece há seis semanas.

A minha hipótese até o momento é que a separação corporal sensorial prolongada, exigida pelo sono noturno, não é tolerada pela bebê. A ausência do contato físico com a M. faz Betina despertar para a consciência do estar só e enche-a de terror e acorda-a.

Precisa da presença da M. para uma nova experiência: a de ter a mãe fisicamente presente para contra-arrestar a experiência traumática de quebra de vínculo primário, consequência do desmame precoce e abrupto e da ausência física da M. Em outros termos, Betina não havia internalizado o objeto mãe a ponto de poder usá-lo para fazer frente à sua ausência concreta externa.

A M. conta: "A noite toda ela gruda no meu peito. Não é de fome, fica 'chupetando'. Ela precisa estar grudada em alguma parte do meu corpo para adormecer".

O que dificulta o início da vida de um B. é ter uma M. que não desenvolveu identificação com um "seio pensante", que o ajude a transformar o intolerável em tolerável. Desse modo, ela não pode responder criativamente às identificações projetivas do bebê, dando significado. Ao devolvê-las sem significado e, frequentemente, acrescidas da sua (da M.) própria angústia, constitui-se em uma experiência aterrorizante e inominável para o bebê. A continuidade de experiências dessa natureza, um vínculo anticonhecimento (-K), pode levar o bebê à introjeção de um objeto que não compreende que não transforma, um seio não pensante.

Esta parece ter sido a vivência de Arminda com sua M., como podemos acompanhar em algumas visitas de observação que supervisionei.

Na primeira visita, Arminda pegou e sugou o peito oferecido pela mãe. A M., então, disse: "Devagar, porque dói... se continuar a doer vai dar-te o leite em pó, que a tua avó sugeriu". O B. continuou a sugar, e a M.: "Vou arrumar-te uma M. que sabe dar de mamar". "Arminda continuou mamando até adormecer ao peito." Sua M. dizia: "Não dorme, não, nenê, senão a M. tem pensamentos ruins", e acordou o B.

Arminda tornou a sugar e, a um certo momento, a M. disse: "Chega de mamar!" e tirou-a do peito. Contou então para a obser-

vadora que, frequentemente, Arminda ficava chorando, e ela chora junto. Acha ser dor de barriga e pergunta-se se o seu leite é bom. Enquanto isso, Arminda voltou a adormecer, e a M., novamente, mostrou-se aflita e movimentou a criança para acordar.

Na segunda visita, a observadora encontrou a M. muito angustiada porque a bebê não parava de chorar. A M. sacudia-a no colo, mas não conseguia acalmá-la. Ofereceu, então, o peito, que a bebê pegava e largava, até que, na sexta tentativa, iniciou a sugar.

Na terceira visita, Arminda adormeceu no colo após a mamada, e a M. estimulou-a para que acordasse. A bebê acordou, chorou e vomitou. A M. tentou acalmá-la, e a criança adormeceu. A mãe, então, disse: "Não dorme, filha, fica um pouco com a mamãe, não me deixe sozinha".

As condutas descritas fizeram-nos pensar o quanto a mãe sentia-se incapaz, sem confiança em seus recursos para modular e transformar as comunicações do bebê ("Não sei o que se passa quando ela chora"; "Será que meu leite é bom?"; "Tenho maus pensamentos quando ela dorme").

Poderíamos mesmo afirmar que, embora a mãe esteja presente e disponível para o bebê, e até sofra junto com ele, está sob a "influência de fantasias" geradoras de angústias, que dificultam a percepção de seu real desempenho como mãe, a percepção do que realmente o bebê precisa. Uma mãe sem *reverie* e função alfa não tem condições de criar novos significados: a experiência sensorial e emocional presente e atual da mãe em interação com seu bebê não está sendo percebida e transformada em compreensão e símbolos. Nessas condições, não há crescimento da mente simbólica.

Ela interpreta o choro como fome, e a continuação do choro, como ela ser incapaz de satisfazer a fome do bebê. Para essa mãe, a criança adormecendo equivale a estar morrendo. Parece-nos evidente que a bebê está sendo solicitada a ser continente da angústia da mãe ("Não dorme, filha, fica um pouco com a mãe, não me deixe sozinha").

Conjecturamos o quanto a bebê estava sendo estimulada, por precisar mostrar à mãe, continuamente, que estava viva. Observamos que estava se tornando um bebê agitado, que ria e chorava, dava gargalhadas, vomitava frequentemente após a mamada e não dormia de noite. A mãe disse que, por não aguentar o choro da bebê, oferecia-lhe colo continuamente para acalmá-la. Pensamos o quanto a bebê estava "tendo de se ocupar" da angústia da mãe, que a invade a todo o momento. Meses mais tarde, o observador foi informado pela mãe de que Arminda apresentava insônia todas as noites.

Arminda não estava progredindo em sua capacidade de continência psíquica – ferramenta indispensável para seu desenvolvimento. A mãe de Arminda não estava tendo condições de realizar a função alfa pela bebê o suficiente para que pudesse introjetar com estabilidade tal funcionamento.

Quanto às condições psíquicas da mãe, aventamos a hipótese de uma depressão pós-parto. A questão é que essa atitude da mãe permaneceu por nove meses (período a partir do qual a observadora não teve mais acesso a essa dupla M.-B.), fazendo-nos pensar na presença de outros fatores na personalidade da M. contribuindo para a não superação da depressão.

A necessidade constante de contato sensorial do bebê com a mãe (continuamente no colo) mostra-nos quão pouco tinha se desenvolvido a sua capacidade simbólica. Como foi visto no Capítulo I, ao se abordar a teoria dos afetos de Bion, os vínculos de amor e conhecimento são a base para que a mãe possa interagir com seu bebê, dando-lhe condições para que este possa iniciar sua mente simbólica!

4. Formação de símbolos de crianças em análise

Crianças chegam ao analista por apresentarem distúrbios de conduta, os mais variados: de aprendizado escolar, sintomas físicos, psicossomáticos e outros.

Frequentemente, tais distúrbios e sintomas têm sua origem nos primeiros anos de vida da criança, por esta não ter alcançado uma estrutura psíquica suficiente para dar significados, para compreender as vivências emocionais que vão se sucedendo na vida.

Lembrando o início da formação psíquica segundo o modelo de Bion: é preciso que a criança viva as primeiras relações com um objeto, geralmente a mãe, em uma estrutura familiar que inclui o pai; que suas identificações projetivas possam ser acolhidas pelo *reverie* e a função alfa da mãe, que possam ser compreendidas e devolvidas à criança em atos e palavras; e esta poderá internalizar esses significados, iniciando-se, desse modo, a mente simbólica dessa criança.

O que vai dificultar esse processo será uma mãe pouco disponível e com pouca capacidade de transformar "as comunicações" da criança em compreensões a serem oferecidas a esta; e a criança também pode obstruir esse processo por dificuldade de internalização.

É preciso também considerar não apenas a personalidade dos pais, mas a interação familiar, ou seja, o ambiente com seus prorrogativos, influindo na condição simbólica da criança.

O Estudo de Modelos Familiares e da Educação Cultural de Martha Harris e Donald Meltzer (1990) mostrou quais são as funções essenciais dos pais: gerar amor, promover a esperança, conter a dor depressiva, pensar. Mas o negativo dessas funções – promover ódio, semear desespero, emanar ansiedade persecutória, criar mentiras e confusões – acarreta consequências importantes na formação simbólica da criança.

Nos casos que vamos apresentar, veremos o quanto as funções parentais podem promover ou, ao contrário, obstruir a simbolização na criança e, portanto, o crescimento de sua mente simbólica. E como a criança comunica, em linguagem não compreensível ao adulto, suas fantasias; esperando que possam ser esclarecidas para que ela possa pensar.

No momento em que é oferecida à criança a compreensão da "linguagem de seus sintomas", sua capacidade simbólica cresce, possibilitando a superação de seus distúrbios.

Caso Pedro

Pedro, de 2 anos e 8 meses – observado durante algumas sessões de Intervenção Terapêutica Conjunta Pais-Filhos[1]

---

1 Intervenção Terapêutica Conjunta Pais-Filhos: essa técnica criada por Marisa Mélega foi inspirada no modelo de observação mãe-bebê Esther Bick. O texto completo encontra-se em Mélega, 2008, p. 197-205.

Este caso foi atendido por Graça Palmigiani e supervisionado pela autora.

Cenas extraídas de encontros de Intervenções Terapêuticas Conjuntas Pais-Filhos.

Cena I (do 1º encontro): Pai, Mãe, Pedro (2 anos e 10 meses) e bebê (1 ano). Terapeuta fornece o enquadre (duração de 1 hora, brinquedos para as crianças, livres para conversar).

M. com B. no colo informa T. sobre Pedro: chorão, alimenta-se mal, sono agitado e acorda muito à noite.

Enquanto isso, o P. é procurado por Pedro para consertar maçanetas, folhas de plantas etc. com ferramentas inventadas, no "como se".

Vê-se que, enquanto a M. fala de um menino "errado", "quebrado", Pedro se esforça para mostrar que não é ele aquele menino de que a M. fala, e, sim, que ele é capaz de consertar e preservar a vida. A M. comenta que Pedro imita o P., que "conserta tudo em casa".

T. diz que ele pode estar mostrando uma necessidade de consertar o que não está funcionando bem entre eles.

A M. se espanta com essa formulação.

Cena II (do 2º encontro): presentes Pai, Mãe, Bebê e Pedro.

É retomada a situação de Pedro "consertar tudo", e, a um certo momento M. B. e Pedro se aproximam de T., sentando-se no divã.

M. conta que teve seis abortos, e um bebê nasceu e morreu em seguida. Enquanto isso, Pedro vai tirando a roupa, até ficar só de cueca.

P. comenta que a gravidez de Pedro chegou a termo porque M. estava ocupada com a doença da avó materna.

Cena III (do 3º encontro): presentes Pai, Mãe e Pedro (B. ficou em casa).

Nessa Cena III, há uma sucessão de imagens oníricas, um verdadeiro Sonho.

Pedro entra perguntando a T.: "onde está o amarelo?". Ato contínuo; procura-o afoitamente na caixa de brinquedos, jogando longe cada coisa que está no caminho, demonstrando urgência em encontrar a peça amarela do ligue-ligue, que na sessão anterior, havia deixado fora da caixa.

Os pais insistem com ele para cumprimentar T., e, finalmente, ele pergunta: "como vai?". T. responde e devolve a pergunta a Pedro, que responde: "estou bem, bati no B., fiz carinho no B." E... chegando bem perto de T., pergunta: "Por que B. não veio?".

T. esclarece que precisava ficar com eles três. P. se aproxima de Pedro e oferece-lhe ajuda na busca do amarelo. Pedro e P. encontram a peça e entretêm-se na montagem, até terminá-la.

T. e M. estão sentadas, olhando. Pedro vai a T. perguntar para que serve "aquela cama". T. explica, como fizera na sessão anterior. Pedro vai ao divã e tira toda a roupa.

M. comenta que ele vai repetir tudo como na sessão passada. T. lembra-se de que isso aconteceu quando M. falava dos abortos e morte do bebê.

Pedro pede a T. para guardar a plantinha que, na 1ª sessão, ele derrubara e com a qual ficara preocupado se havia matado. T. acede ao pedido.

Pedro propõe a M. que brinquem de esconde-esconde e esconde-se embaixo da colcha que recobre o divã. M. explica-lhe que não pode (e há um furo no tecido do divã).

Pedro insiste em remover a colcha, mas acaba desistindo, e pergunta a T. onde pode se esconder. Os pais tentam demovê-lo da ideia. Pedro insiste.

T. indica um lugar atrás do divã e do lado de sua poltrona. Pedro pede a M. para fechar os olhos e esconde-se. M. encontra-o.

Pedro faz barulhos, "dando pistas" se a M. demora.

Quando M. demora para encontrá-lo, Pedro sai do esconderijo antes de ser descoberto. Vai para divã, deita-se e começa a falar algo que T. não entende.

M. traduz: ele está falando de mortes e conta que, dias atrás, perguntou a P. por que tinha matado a mãe dele (avó paterna).

P. esclarece que as pessoas morrem por doenças, acidentes...

T. pergunta aos pais se a brincadeira de Pedro lhes faz pensarem em algo. Respondem que não. T. sugere que Pedro talvez quisesse saber da morte dos bebês, quem os matou. Os pais retrucam que nunca conversaram com ele a respeito disso e mostram certo espanto com a formulação de T.

Pedro, do lado de P., avisa que vai fazer um revólver (ligue-ligue). Atira, então, em T. e diz para ela "morrer".

T. diz que, se morrer, deixa de conversar com eles sobre "essas coisas". Pedro responde: "É". Pedro não quer ir embora ao terminar a sessão e pergunta a T. se B. pode vir da próxima vez.

Comentários

No 1º encontro, foi possível estabelecer um campo de trabalho por uma intervenção de T., que mostrou uma compreensão da conduta de jogo da criança diversa do comum, dando um significado emocional à conduta de Pedro.

No 2º encontro, M. pôde retomar um núcleo importante da problemática: Pedro ter de consertar tudo. Consertar o quê? Os estragos acontecidos na mente de M. pelas falhas de sua maternidade? Pedro teria de encarregar-se das Identificações Projetivas da M., do medo da perda do bebê? De sua possível morte? Pedro compreende que ali é o lugar onde pode desvestir-se, desfazer-se da carga das Identificações Projetivas de M. e ser ele mesmo.

O 3º encontro é inaugurado pela expressão de uma ansiedade de Pedro, em ter dúvidas se T. vai se manter no lugar prometido, "se vai continuar sendo continente" e compreender suas fantasias ou se vai expulsá-lo e interromper as experiências (como a mãe fez com os bebês?), e por quê. E isso se depreende da fantástica imagem lúdica que Pedro é capaz de transmitir por meio da busca do "amarelo", que tinha sido excluído da caixa por ele na sessão anterior (poderíamos conjecturar que seria o representante de B. em suas fantasias lúdicas).

Assim, ele indaga testando sua fantasia e esperando significado.

É interessante seguir o processo de elaboração da ausência do irmão ao encontro: Pedro vive-o primeiramente como uma urgência em encontrar uma peça amarela de um jogo assim que entra na sala, prevendo "estar sumida", mas perguntando por ela à terapeuta e depois ao pai – que o ajuda, por fim, a encontrá-la após a resposta da terapeuta do porquê de B. não ter vindo. Pedro, ajudado pelo pai, faz construções com essas peças. Ao finalizá-las, aproxima-se do divã e pergunta à terapeuta: "para que serve essa cama?", e esta lhe explica, enquanto ele vai subindo no móvel e tirando a roupa. A M. comenta que ele está repetindo o que fez na sessão anterior, e a terapeuta corrige-a, dizendo ser uma continuação e que Pedro quer saber mais a respeito dos bebês.

A imagem, nesse momento assume, a configuração, a meu ver, não de um passado a ser desvendado, mas de uma tentativa desse menino de pensar acerca de suas experiências emocionais na relação com sua M., uma mãe que ele não consegue incorporar pela quantidade de terror não transformado (morte) que vem junto com o alimento – (vida). Agora, usando o continente da terapeuta que o vê, compreende-o e dá-lhe significados, ele passa a ser o menino que não aparecia aos olhos da mãe.

Assegurando-se da existência de um continente que preserva a vida (Pedro pede à terapeuta para "guardar a plantinha", representação de um bebê que está crescendo sessão após sessão), assegurando-se de uma relação mais criativa, menos invadida de ansiedade e morte – ele se dirige à mãe.

Pela primeira vez durante as sessões, ele propõe à mãe que brinquem de esconde-esconde. Ele se esconde, e a mãe tem de encontrá-lo. A imagem que Pedro quer realizar parece ser uma boa representação de nascimento: esconder-se embaixo da colcha do divã para ser descoberto.

Por motivos formais, isso não era permitido, e ele encontra outra solução.

É de admirar a capacidade dessa criança de lidar com frustrações e o seu impulso ao conhecimento, que não encontrava maneira de se revelar, pela falta de um olhar que o reconhecesse e compreendesse. E é essa a brincadeira que Pedro propõe à mãe: que o encontre, reconheça-o, veja-o, mas ainda temeroso de não ser encontrado, não confiando totalmente que a mãe possa fazer a sua parte. Colabora, então, com ela, dando-lhe pistas, emitindo sons. Se não for achado, se não nascer para o olhar da mãe, ele morre em sua condição de desenvolver uma mente pensante.

Os sintomas de Pedro – chorar muito, não aceitar alimentação, não dormir – parecem-nos equivaler a um estado de mente indigesto, como se ele estivesse vivendo um pesadelo constante. Pensamos na falta de barreira entre consciente e inconsciente, pela dificuldade em transformar as experiências emocionais em elementos alfa, em formas simbólicas visuais disponíveis para o pensamento-sonho.

Pedro, em contato com um continente, começa a sonhar na sessão, o que promove, aos poucos, sua melhora.

Após o jogo de esconde-esconde com a mãe, Pedro se deita no divã e fala algo que a terapeuta não entende. Aqui, podemos acompanhar uma evolução de seu percurso simbólico. A mãe traduz ao terapeuta que Pedro está falando de mortes. Pedro agora fala de mortes, quer saber, perguntar, mas já não vive a ameaça de morte.

A terapeuta provoca forte impacto nos pais ao dizer-lhes que Pedro gostaria de saber quem matou os bebês.

O movimento de Pedro agora é de construir uma arma e "brincar de matar a terapeuta". Ele, fortalecido, assume sua vontade de matar e seu desejo de livrar-se da morte deixando-a com a terapeuta, e, ao sair, assume sua vontade de vida que pode dividir com o irmão: "B. pode vir na próxima vez?" é sua pergunta final.

Caso Gianni

Há situações na vida familiar que dificultam enormemente a construção simbólica de uma criança, a ponto de haver uma parada do desenvolvimento neuropsicomotor, como foi o caso de Gianni, que foi trazido ao meu consultório com parada de desenvolvimento (não andava, não falava), a qual foi por mim entendida como uma recusa em aceitar as condições impostas pelos seus pais. Ele desenvolveu, por fim, uma recusa alimentar, inclusive de mamadeiras, a ponto de ter sido internado para receber alimentação parenteral.

A notável resposta que Gianni teve ao ser atendido analiticamente foi a prova de que sua constituição era favorável para o desenvolvimento. Em seis meses, ele foi mostrando a ativação progressiva de sua vida de fantasia e de formação de símbolos.

Desde a 1ª sessão, vimos Gianni dispensar o "vínculo adesivo" proposto por uma mãe muito angustiada interessar-se pela situação nova: quem é a analista? Como está associada à mãe? Qual o lugar dele na conversa entre as duas?

Primeira sessão

Gianni chega e está no colo da mãe, chorando, debatendo-se, parecendo querer se soltar e escapar dela, parecendo estar enfrentando a ameaça de entrar em um lugar estranho e lá ser deixado, revelando, possivelmente, a memória de separações anteriores malsucedidas. Aos poucos, acalma-se, à medida que a mãe vai tentando adivinhar o que ele quer. Acaba aceitando a chupeta, que ele mesmo põe na boca. Conforme a ameaça decresce, ele se aninha no ombro da mãe, segurando uma fralda, sugando a chupeta, e então se aquieta. A mãe começa a falar comigo. Em dado momento, Gianni vira o rosto e olha para mim, e olha para a mãe, mostrando-se interessado. A mãe explica-me que ele entende estarmos falando dele e gosta disso. O menino afasta-se um pouco da mãe (os dois estão sentados no divã) e deita-se ao lado dela, bem mais tranquilo.

A mãe continua falando e, em seguida, ele a empurra. Ela senta-se em um banco ao lado do divã. Gianni examina atrás do encosto do sofá e faz um vão, dentro do qual ele se alinha, mas se expressa e participa da conversa, ainda que não consiga articular palavra alguma. A mãe conta que ele sabe pôr e tirar a tampa da mamadeira, e ele imediatamente estica o braço, como que pedindo a tampa da mamadeira. A mãe entende que ele quer tomar água ou leite, mas parece que ele quer mesmo é mostrar que sabe fazer aquilo que a mãe acaba de dizer.

Comentário

Vemos uma criança muito determinada, usando controles, interessada em ser, em ter seu lugar. Vemos que a mãe consegue acalmá-lo da angústia persecutória de estar entrando em um lugar novo, desconhecido, que poderia ser prenúncio de separação.

Ultrapassada essa ansiedade, vemos Gianni dispensar o vínculo adesivo com a mãe, mostrando-se capaz de interessar-se por significados. Quem é a analista? Como está associada à mãe? Qual é o lugar dele na conversa da mãe com a analista?

Segunda sessão – o controle pelo vínculo adesivo evolui para o controle por identificação projetiva

Ada e Gianni chegam cinco minutos atrasados.

Gianni está alegre no colo da mãe, que se senta no divã. Ele logo faz um gesto e resmunga, indicando a sacola da mãe... Ela informa que acabou de oferecer almoço, mas que ele não aceitou. A mãe lhe dá a mamadeira, que ele segura e suga, avidamente, esvaziando-a em pouco tempo. Aninha-se um pouco no sofá; depois, pede, com um sinal de mão e vários sons, uma agenda da mãe. A mãe diz que Gianni adora manusear livros. Comento que Gianni está feliz, que a mamãe fala dele, e ele faz que "sim" com a cabeça. Quando pega a agenda, olha para mim e faz "tchau" com a mão. A mãe explica que, quando ele gosta de alguma coisa, fica fazendo "tchau". Esse gesto ele repete várias vezes e, mais adiante, repete-o ao me encarar e sorrir...

Ele desce do sofá e aproxima-se, engatinhando, da mesa onde estou. Entra embaixo dela rindo, às gargalhadas, enquanto desaparece e aparece para a mãe e para mim; e, por fim, passa por baixo da mesa até meus pés, detém-se um instante e segue até os pés da mãe.

A mãe me conta sobre a gravidez, sobre sua vida como artista plástica e suas angústias como mãe; sobre seu sentimento de ter "perdido a identidade" a partir do nascimento de Gianni e seu receio de ter perdido a capacidade de viver. Conta que, no domingo, uma briga com o marido influenciou muito Gianni, que não aceitou as mamadeiras. O pai do menino diz para ela "largar este bebê que requer tanta atenção que não deixa nada para ele". Gianni, no término da sessão, adianta-se à mãe, engatinhando até a porta.

Comentário

Vemos nesta sessão que a manobra adesiva de Gianni, de controlar a mãe no sentido do não crescimento, da não mudança, não foi bem-sucedida. A mãe usa grande parte da sessão falando, em linhas gerais, o que relatei, enquanto Gianni percebe o contato da mãe comigo e passa a engatinhar, indo para debaixo da mesa, passando a fazer um controle do contato entre a mãe e eu.

É impressionante essa evolução em relação à primeira sessão, quando estava ligado à mãe de forma adesiva (estava muito angustiado com a nova situação), e a forma como isso prossegue depois por ele mesmo, ao terminar, e vai embora engatinhando.

Terceira sessão

Quando me ocupo da angústia da mãe, Gianni pode explorar o novo contexto.

Ele vem engatinhando pelo corredor e adianta-se a mim e à mãe, chegando primeiro à sala. Quando chego, vejo-o sentado no chão, com um olhar perplexo, olhando para a porta. A mãe chega por último. Fecho a porta, e ele se acomoda com a mãe, que o senta no sofá. Busca algo na sacola... Chupeta (?)... Comida (?)... Pega a agenda e, sentado no sofá, manuseia-a, deixando-a cair, "por acaso", duas ou três vezes... Desce ao chão e, por fim, engatinha até debaixo da mesa. Fica bem sério e, de lá, dirige sons a mim, como se fossem um discurso, mas incompreensível.

Respondo-lhe dizendo que o que está me falando é coisa importante e só dele comigo. Mostro-lhe que estou recebendo o que está me dizendo.

Após isso, brinca de aparecer e esconder-se da mãe, dentro e fora da mesa. Passa a circular pela sala. Busca de novo a sacola da mãe, e esta lhe prepara o almoço, estendendo na mesa prato e colher, mas ele faz que "não" com a cabeça e aponta para a mamadeira. Sentado no colo da mãe, toma a mamadeira, insistindo em olhar para mim. A oferta de comida, ele *recusa* de novo. Desce do colo e vai explorar a sala, e, diante do armário, abre e fecha as duas portas. Chora com raiva ao tentar novamente e não conseguir.

Comentário

Gianni mostra sua capacidade de separar-se da mãe e de usar o *setting* analítico que está dando lugar para ele ser ele mesmo, e isso o atrai. Ele passa, então, a explorar as qualidades desse novo continente e experimentar se se presta a controle e limites. Quando chora, com raiva por não conseguir abrir o armário, manifesta a sua frustração de não ter controle sobre o objeto, de encontrar limites nas portas, que não se abrem para ele, que não lhe permitem entrar e sair como bem entende. A conduta de Gianni na sala indica que, ao ver-me ocupada da angústia da mãe, escutando seus relatos, ele ficou mais livre, com espaço para utilizar seu potencial para explorar novos objetos.

Quarta sessão

Gianni interessado em ter seu lugar e usar o continente oferecido.

A mãe chega no horário. Gianni vem engatinhando até a sala. Está animado e emite sons ao encontrar-se comigo. Ao entrar na sala, primeiro faz o percurso embaixo da mesa e, depois, vai até o sofá. A mãe senta-o perto dela; ele mexe na sacola, tira de dentro a agenda... Senta-se, olha-a rapidamente e joga-a no chão. Em seguida, vai para baixo da mesa e "fala" comigo. Sai de debaixo da mesa, aparece para a mãe e volta... Hoje, pelo fato de a mãe estar calada, posso dirigir toda a atenção a Gianni, que passa a ocupar o espaço todo. Dou-me conta da tensão da mãe e, ativamente, busco contato com ela. Enquanto Gianni vai dando voltas, entrando e saindo de debaixo da mesa, eu pergunto à mãe como ele tem estado: "De segunda-feira para cá, mais calmo, toma muitas mamadeiras".

"Hoje, tomou às 7h00 e assim que chegou ao consultório"... Percebo nela um certo desânimo e penso que ela deve estar esperando que o menino melhore para voltar a trabalhar. Ao dizer-lhe isso, a mãe desata em um choro! Diz que está difícil o relacionamento com o pai, porque ele briga muito com ela. Chama-a de inútil e chama o menino de doente, que não consegue andar... e que ela pensa em largá-lo etc.

Comentário

Nesta sessão, podemos acompanhar os movimentos transferenciais da mãe para com a analista. A mãe vê que é possível Gianni ter crescimento com a oferta de um continente, e essa visão parece incomodá-la. Por um lado, pelo medo de perder o filho, caso ele se separe dela. Por outro, pelo fato de não ser ela quem propiciará esse crescimento.

Quando ela fala que o marido a chama de inútil e com um filho doente, isso me sugere que ela está vivendo os resultados do trabalho que estamos fazendo como um atestado de incapacidade dela, sentindo-se em desvantagem.

Gianni pode ocupar e usar o continente analítico, explorando-o desde a hora que ele se adianta ao entrar engatinhando, curioso em relação às várias coisas da sala. Esses movimentos de Gianni provocam na mãe angústias por sentir que o filho pode sentir atração por novos espaços, o que aponta a capacidade que tem de separar-se dela, de crescer.

Após a interrupção da análise pelas férias de Natal, Gianni andava normalmente, ainda que com certa instabilidade – alegre com o encontro, desejoso de explorar e conhecer, e já "brincava" de ter o controle sobre o objeto. Por exemplo: tomava mamadeira e bruscamente a tirava da boca e a jogava no chão, sugerindo que esta poderia ter sido uma vivência que ele sofrera com o objeto.

No reinício, em 27 de janeiro, escuto Gianni na sala de espera soltando gritos de euforia; encontra então o meu olhar e, sem desgrudar um segundo deste, vem andando na minha direção, com firmeza e determinação.

A mãe fica para trás, entrando depois. Ela deseja conversar, contar-me que o menino está muito peralta, que mexe em tudo, põe tudo na boca, mas que não aceita a comida.

Gianni mostra autonomia na sala. O contato comigo é direto. Proponho à mãe continuar o trabalho, a partir de agora só com Gianni. A mãe aceita e pede para conversar comigo no horário seguinte.

Sessão de 29 de janeiro

A atividade simbólica de Gianni dá um salto.

Esta é a primeira sessão de Gianni sem a mãe, que permanece na sala de espera. Ele entra na sala andando e sai várias vezes. Examina os objetos da sala; estamos um tanto perplexos diante da nova situação, ele e eu, enquanto a mãe está na sala de espera. Gianni tenta se adaptar, repetindo vários atos que já fez quando a mãe também entrava. Solicita-me que o levante na mesa e na cadeira. Enfim percorre os vários espaços e planos da sala e da relação comigo. Ele, como que aumentando o espaço do consultório, vai até o lugar em que a mãe está na sala de espera (tentando incluí-la para curá-la de seu sentimento de exclusão?). Pega um caminhão e empurra-o, engatinhando até a sala de espera, e volta. Assim que volta, acende e apaga a luz, fala "UZ". Solicita-me hoje, em vários momentos de suas andanças, para levantá-lo na mesa – como fez no dia em que o pai esteve junto.

De lá, ele esvazia o caminhão, que tem uma gavetinha com brinquedos, e joga-os da mesa para o chão. Nesses momentos algumas vezes fala "papai".

Sai da mesa para a minha cadeira e, de lá para o chão, perambula até a mãe e lá tenta abrir a porta, fazendo "cião" por alguns minutos. Eu vou atrás dele e digo que Gianni vai ver se a mamãe está bem quando ele está com Marisa. Em um momento anterior, acende e apaga as luzes, e eu falo "abriu, fechou", e ele olha para a minha boca e para a luz, como se estivesse fazendo ligação entre analista-boca e Gianni-dedo-no-interruptor.

Liga e desliga a luz do corredor. Na sala, abro a torneira e ponho uma bolinha na pia, que veda o ralo. Ele entra na sala e logo percebe a água, e faz sinal para que eu o levante, a fim de alcançar a pia. Aproximo dele um banco, no qual ele sobe e estica sua mão para tocar o jato d'água.

Ficou feliz! Sua fisionomia se abre risonha! "Fala animadamente", toca na água, lambe a mão e olha-me! "Gianni achou um mamá", digo-lhe. Ele continua neste contato com a água e faz um esforço de fôlego, como que para fazer cocô, mas, na verdade, ele já entrou sujo, e a mãe avisou que ele acabara de fazer cocô na fralda. Após esses movimentos, ele lambe e passa a mão molhada no rosto, como que se recobrindo de água e sugando seus dedos molhados com muita avidez. A hora termina, e, devagar, vou guardando os brinquedos e dizendo "tchau", até que ele aceite sair, mas reclama, choramingando.

Comentário

Nesta sessão, muito movimentada, Gianni está interessado em minha fala, e a torneira ligada é um fluxo de continuidade que o atrai, da mesma forma que a minha fala. Tenta estabelecer equações simbólicas entre o interruptor da luz que acende e apaga, a lâmpada de minha sala e a minha boca, que se abre e se fecha, enquanto vão saindo palavras que entram pelo seu ouvido. Parece ser fundamental o vínculo de Gianni com meus olhos-atenção, minha boca-palavras, representantes sensoriais do meu funcionamento mental, um seio-mente falante e pensante, que pode alimentá-lo com significados, promovendo sua vida de fantasia e o processo de formação de símbolos.

A água da torneira, que eu chamo de "um MAMÁ", equivalente a um seio que alimenta; ele equaciona com minha fala, que incorpora e usa imediatamente, transferindo o símbolo para a mãe. De fato, na sessão seguinte, a mãe informa que, agora, ele a chama de "mamãe". Fim.

Caso Hélio

A fantasia inconsciente da criança se revela nos primeiros contatos com o analista.

O analista coloca-se como um observador benévolo, que escuta e procura compreender sua expressão. Desse modo, oferece um *setting* em que a criança tem a oportunidade de mostrar seus conflitos, em linguagem pré-verbal, dramatizações, desenhos.

A expressão da fantasia inconsciente durante a experiência emocional da criança com o analista é entendida como uma formação simbólica.

Hélio, 9 anos e 10 meses, filho único.

Há três meses, diz sentir ânsia e uma bola na garganta. O pediatra não acusou nada. A mãe de Hélio está grávida de seis meses.

Hélio tem tido insônia e medo de monstros e zumbis. Deseja ser cientista, lê muito e pergunta sobre bebês.

A mãe revela uma ligação com ele a ponto de ter dificuldade de separar-se, desde o início: "Senti muita falta quando ele iniciou a escola". Parece ter feito do filho o eixo fundamental de sua vida.

De fato, Hélio esteve muito ligado à mãe e só recentemente se reaproximou do pai. Essa gravidez não foi desejada (veio após nove anos) e a mãe sente-se culpada por causar um sofrimento ao filho pela vinda do bebê.

A compreensão inicial da problemática de Hélio foi a seguinte: Ele passou a ter sintomas desde que esteve diante de um fato novo, propondo uma mudança, a gravidez da mãe e a chegada de outro bebê na família. A ideia nova, segundo Bion, "golpeia" a mente para ser incluída e produz uma fragmentação da estrutura psíquica atual para dar espaço à ideia nova. Esse processo leva a ansiedades que chegam a ser sentidas como catastróficas pela perda inicial da continência psíquica e medo de não ser capaz de reintegrar-se da fragmentação provocada.

A seguir, a observação de Hélio: vem acompanhado pela mãe, entra cumprimentando a analista e centraliza inicialmente sua conversa acerca da causa do "bolo da garganta". Busca explicações dizendo que é porque joga videogame. Ou seria por causa da garota da perua que o incomoda? A analista escuta e sugere se seria pela gravidez da mãe. Hélio diz que não, porque ele tem o sintoma antes de saber da gravidez da mãe (evidentemente, ele não consegue admitir seu inconsciente a nível verbal, no entanto, começa a brincar).

Aproxima-se, em seguida, da caixa de brinquedos, enquanto diz gostar de ação, de armas, e manuseia animais selvagens e bonecos homens que lutam entre si ao mesmo tempo que conversa, e fala também dos medos que ele tem à noite. Logo depois, informa que vai desenhar e diz gostar de tudo em movimento, como se fosse um filme.

Vamos acompanhar a tentativa de Hélio de expressar suas imagens oníricas por desenhos.

Desenho 1: é um monstro que foi preso pelos homens-cientistas. Vêm outros monstros alienígenas para salvá-lo. Foi preso após invadir a cidade, e os cientistas iriam estudá-lo. Chegam outros monstros para soltá-lo e atacam os homens cientistas. Surgem os seguranças dos cientistas e atiram contra os monstros. O monstro capturado se soltava das amarras, mas os seguranças atiraram uma bala sonífera.

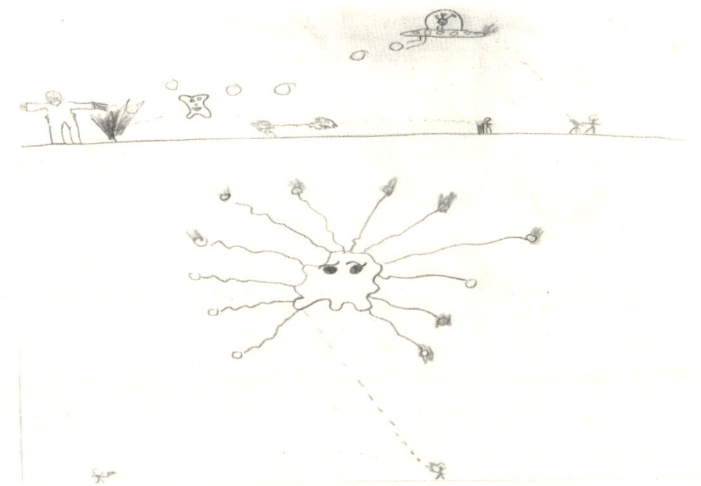

Desenho 2: faz um carro; depois, desenha o helicóptero, que chegou após o alarme ter sido acionado devido a um assalto

Desenho 3: "uma árvore estranha, porque as folhas caíram no verão, e não no outono. E, no inverno, a neve não caía nela, mas desviava dela e caía no chão, e parece que tinha escuridão".

Desenho 4: "uma casa velha, onde está morando uma pessoa muito brava. De repente, veio uma menina muito boazinha, que fez essa pessoa ser boazinha também".

Dessas primeiras observações, é possível inferir suas fantasias acerca de sua problemática, seus sintomas:

– Ele tem um "monstro" dentro dele que precisa ser aplacado ("o bolo da garganta", os medos noturnos). Precisa contar com sua capacidade de elaborar tal experiência emocional para pensá-la, e não a atuar em sintomas. Mas ele se sente "estranho", como a árvore que desenhou, que perde as folhas no "tempo quente", pelo acúmulo de emoções não elaboradas, e não é atingido pelo "tempo frio", pois o escudo o protege de separações e faltas (sua relação com a mãe?).

A fantasia de resolução parece estar na esperança de que surja "uma mulher boazinha" (a analista?) que mude a situação da família.

Por que Hélio chegou a ter sintomas psicossomáticos?

Bion pensou que a reação diante de uma ideia nova impõe a tarefa de reavaliar noções e conceitos. Desmantelar temporariamente a estrutura do mundo interno para, então, reconstruí-la, incluindo a ideia nova; neste momento caótico, o sistema delirante, a parte negativa da personalidade, emerge como uma possibilidade de ser atuada. A condição de lidar com uma nova experiência emocional depende de contar com uma mente que possa fazer transformações em símbolos, como nos mostra o modelo de mente bioniano. Por não encontrar um continente internalizado capaz de abrigar seus elementos dispersos, Hélio, em seu estado persecutório, derivou para sintomas físicos.

Possivelmente, a "superproteção materna" dificultou seu crescimento simbólico.

No início de uma análise de crianças, como é difícil apreender o significado dos desenhos – imagens de fantasias que vão ocorrendo na criança ao estar com o analista. E essa investigação se inicia na medida em que o analista toma as imagens que foram despertadas nele pela criança... e passa a indagar a criança sobre o que quer dizer, como deu vontade de fazer aquele desenho e se pode descrever o que desenhou. Assemelha-se à investigação de um sonho na análise de adultos.

Ao brincar, a criança expressa suas ansiedades e seus conflitos, que o analista observa, acolhe e busca compreender. Isso possibilita que a criança tenha a experiência de confrontar suas fantasias na realidade do relacionamento com o analista.

Apresento a seguir imagens oníricas de crianças em análise representadas por desenhos ou expressões lúdicas.

Caso Carina – imagens oníricas

Apresento a expressão gráfica de uma menina de 12 anos que esteve em análise comigo (em 1977) por dois anos, em uma frequência de três vezes por semana. Ela produzia imagens, expressas em forma de desenhos, durante a sessão analítica, e, quando eu tentava dar sentido ao que ela estava desenhando, ao que ela estaria sentindo naquele momento, havia uma recusa sistemática à minha fala.

Essa recusa dela, possivelmente sentida como uma interrupção, pareceu ser algo próximo de não querer ser acordada de um estado de mente que a impelia a desenhar. Estaria ela tentando expressar algo de sua experiência emocional da sessão? De que modo se processa a formação de imagens visuais no indivíduo?

Bion nos fala da transformação de impressões sensoriais e emocionais em imagens visuais como parte de um processo de "digestão mental", de elaboração "onírica-alfa" para armazenar esses elementos em forma comunicável. A esse propósito, em *Cogitações*, Bion traz um exemplo:

> (...) *suponhamos que esteja com um amigo que me pergunte onde vou passar minhas férias. Enquanto ele me pergunta, visualizo a igreja de uma pequena localidade, perto do lugar onde vou passá-las. Essa localidade é importante porque tem a estação ferroviária mais próxima do povoado. Antes que o meu amigo tenha terminado de falar, formou-se uma nova imagem e assim sucessivamente. A imagem da igreja foi estabelecida em alguma oportunidade anterior, não sei quando.*
>
> *Sua evocação na situação que estou descrevendo não deveria surpreender a ninguém, mas o que vou agregar agora pode resultar controvertido.*
>
> *Sugiro que a experiência da particular conversação com meu amigo e neste particular momento dela, não apenas suas palavras, mas sim a totalidade desse momento da experiência, é sensorialmente percebida por mim e convertida numa imagem daquela particular igreja do povoado.*

> *Não sei que outras coisas acontecem, se bem que estou seguro de que acontece muito mais, mas a transformação de minhas impressões sensoriais nessa imagem visual faz parte de minha assimilação mental. "As impressões do evento se replasmam numa espécie de imagem visual dessa particular igreja e desse modo se modelam numa forma adaptada para ser armazenada por mim". (1992, p. 187)*

Em seguida, Bion explica que a imagem da igreja é o que ele chama de "elemento alfa".

Por meio dessa conceituação, procuro fazer a leitura da produção - desenhos obtidos durante sessões de análise dessa menina, que chamo de Carina.

No primeiro encontro, Carina mostra-se ansiosa por corresponder ao que a analista "estaria esperando dela". Assim, ela pergunta frequentemente "o que devo fazer?". Decide-se por desenhar.

Ao terminar, nomeia o desenho de "Camponesa" (Desenho 1). Eu pergunto-lhe o que a camponesa tem na cabeça. Carina responde: "Não sei... é milho? Fruta, não! Senão, parece baiana" (querendo dizer ser de mau gosto, de classe social baixa).

Chama atenção a representação de uma cabeça carregando algo que ela não sabe ao certo o que é.

Carina estava iniciando a análise por problemas de aprendizado escolar e por ser um tanto agressiva. Foi adotada desde o nascimento e sabe disso.

É possível que Carina expressasse por meio do desenho da camponesa que sentia sua cabeça cortada e vazia, por não poder ter seus próprios pensamentos-frutos, por não os sentir adequados (são "baianos"), alusão a não poder ser ela mesma? Ter de adequar-se à classe social dos pais adotivos?

Carina – Desenho 1

Nos encontros seguintes e até o final da análise, Carina executa um desenho a cada sessão. Nas primeiras sessões, ela divide o tempo da seguinte forma: 1º) Desenha. E é quando ela não quer que eu me associe ao seu desenho por intervenções que possam dar sentido à sua motivação para executá-lo. 2º) Deixa de lado o desenho e conversa coisas do cotidiano que nada têm a ver, aparentemente, com o desenho realizado.

Pude observar que Carina sofreu um impacto emocional desde o nosso primeiro encontro, com o qual ela tentou lidar por meio de perguntas a meu respeito. Expressou também sua fantasia acerca de que problemas ela teria em "sua cabeça" e de que coisas estaria escondendo. Penso que os desenhos das três sessões seguintes são uma tentativa de adequar-se ou de esconder sua realidade psíquica, expressando "imagens prosaicas", como florzinha, ursinho de pelúcia.

Na quinta sessão, porém, algo acontece: desenha uma imagem indefinida. Pode ser um "olho" (Desenho 2)?

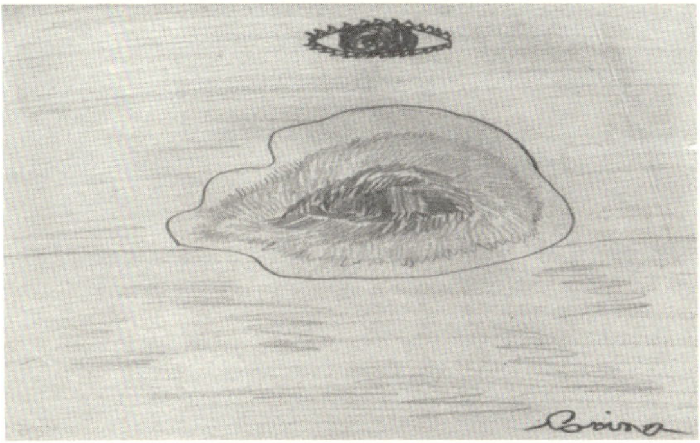

Carina – Desenho 2

Eu digo: é um olho que observa para conhecer? O meu olhar e o dela também?

Na medida em que os contatos evoluem, torna-se mais clara a divisão de tempo. Compreendo que as imagens informam acerca de suas emoções enquanto está com a analista, e as conversas após o desenho têm uma conotação prosaica, anedótica.

Na décima sessão (Desenho 3), "algo novo" acontece. Com dois lápis coloridos de cada vez, Carina vai fazendo riscos horizontais em uma folha, parecendo a construção de uma trama. Eu começo a sentir os meus olhos pesados de sonolência. Ela me conta de cachorrinhos na casa da prima e de brincadeiras que faz com eles.

Ao despedir-me, troco seu nome por Cristina. Ela se espanta.

Na sessão seguinte, ela vem fungando, dizendo estar resfriada. Retoma o desenho de riscos coloridos da sessão anterior e acrescenta nariz, boca e olhos, dizendo serem muito feios (Desenho 4). Cobre-o com mais riscos coloridos, e resulta a mim um efeito visual de "estar sintonizando uma imagem em uma tela". Quando termina, ri, dizendo que sabe o que estou pensando, que "tem alguém atrás da senhora".

Carina – Desenhos 3 e 4

Estaria Carina me comunicando que, pelo engano com seu nome e pelo sono que senti na sessão anterior, haveria um terceiro entre nós? Poderia ser a maneira de ela expressar minha desatenção, que foi formulada por meio de uma ideia de que, se eu não estou totalmente atenta a ela, algo está me distraindo, ou estou atenta a "outro"?

Minha situação pessoal, a sonolência, esclareceu-se algumas sessões após, quando eu soube que estava grávida. Os planos da fantasia e da realidade foram se entrelaçando. Enquanto ela "avançava" com seu olhar, querendo descobrir a meu respeito e a respeito da sala, descobrir quem mais eu atendo além dela, quem está "atrás de mim", um outro evento externo estava emergindo, do qual, no início, nem mesmo eu tinha conhecimento: a presença de um novo bebê.

Talvez Carina tenha podido expressar essa presença do "outro" na sessão seguinte por meio do desenho das duas casas (Desenho 5), uma maior, outra menor (com janelas abertas; mas não se vê dentro). Sessões depois, ela visita minha casa com o pretexto de dar um telefonema, sem que eu soubesse. Fica evidente a existência de um impulso ao conhecimento, de curiosidade e desejo de "entrar no objeto" para tomar conhecimento. Acredito que Carina registrasse as modificações psicossomáticas da analista, e 25 sessões após a sessão relatada, ela sugere um jogo de adivinhação.

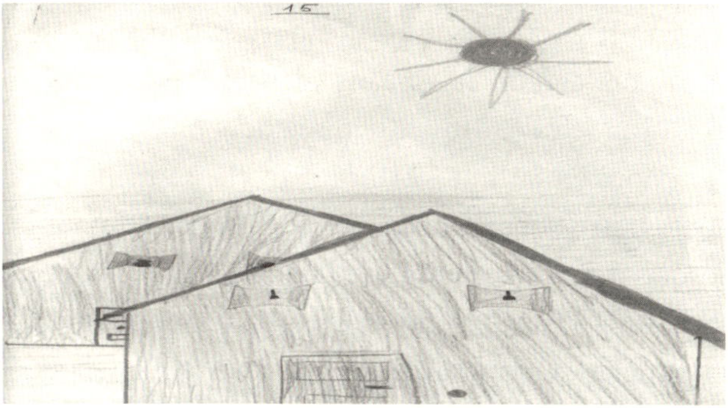

Carina - Desenho 5

Vejamos como foi essa experiência. Ao chegar, vai desenhando com tinta um galo (Desenho 6), começando pela cauda. Agora, enquanto desenha, pode estar em contato comigo, conversando...

Carina - Desenho 6

Conta-me que teve vontade de vir, que tirou 9,5 em matemática, que ela vai para o sítio na sexta-feira e que, agora, ela reza todas as noites. A analista pergunta o que ela pede quando está rezando. Ela responde que pede para ser bonita, para que o rapaz por quem é interessada passe a gostar dela. A analista pergunta se é atendida em seu pedido, ao que ela responde que é só pedir que ela consegue, que sempre ela conseguiu o que queria. A analista lhe mostra que ela acredita comunicar-se com alguém especial que a atende sempre. Carina se cala. Mostra, em seguida, uma bolinha de gude que achou no meu jardim e brinca com ela, movimentando-a de um lado ao outro sobre a mesa, até que a coloca em cima de um desenho que deixara secando em cima de sua caixa de material na última sessão. São três círculos coloridos por tinta (Desenho 7). Em um deles, há uma mancha por dentro. Ela fala que é uma inventora, que às vezes inventa coisas. Em um certo momento da sessão, ela pega três xícaras e cobre os três círculos desenhados, escondendo dentro de uma das xícaras a bolinha, e propõe para mim um jogo de adivinhação. Tenho a ideia de que ela está querendo adivinhar algo, de que ela suspeita da gravidez da analista, e então pudemos conversar sobre isso.

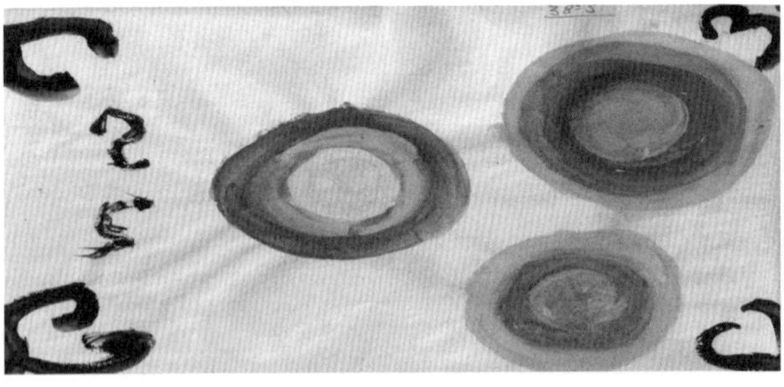

Carina – Desenho 7

Na sessão seguinte, ocorre o desenho do "macaco" (Desenho 8). Primeiramente, conta para mim o sonho que teve na noite passada: "Um macaco queria me pegar... era um bicho de pelúcia que estava no meu quarto e virou macaco. Minha mãe e eu saímos correndo, e ele atrás de nós. Chegamos à casa de uma amiga, e de lá nós duas saímos correndo. O macaco alcançou minha amiga e estrangulou-a". Enquanto isso, Carina vai fazendo uma pequena mancha vermelha no papel e conta que no trabalho da Semana da Pátria fez uma pomba, e dentro dela, o Brasil. Enquanto isso, vai fazendo rabiscos para acompanhar a descrição que se tornam a representação de útero e trompas.

Carina - Desenho 8

Quando eu lhe mostro que parece o interior de uma mulher, ela se assusta e justifica-se dizendo que foi fazer depilação e viu uma mulher de calcinha e sutiã.

Enquanto continua falando, faz os rabiscos, até uma hora que se configura no que chamamos de macaco, de seu sonho.

O interessante foi a transformação gradativa da imagem, que começou como uma mancha vermelha, passando a lembrar o aparelho reprodutor feminino, até que, à medida que Carina foi desenvolvendo sua "fala prosaica", transformou o desenho no macaco do sonho. É de se notar o uso de signos e símbolos da cultura para Carina expressar suas fantasias (pomba, bandeira, macaco...).

Alex – imagens oníricas

Alex, 8 anos, é o quarto filho de uma prole de seis.

Os pais informam: é uma criatura totalmente desligada, conversa com os brinquedos, brinca sozinho porque prefere ficar só, parece estar no "mundo da lua". Na escola, vai mal, não faz as lições; quando brigam com ele, não responde, ou dá risada. Debocha dos pais se apanha. Gosta muito de futebol, é pornográfico, fala que se imagina transando com as colegas da escola; acho que se masturba. Os irmãos o chamam de tarado.

Na primeira entrevista junto com os pais, Alex se mostra arredio ao contato com a analista.

No contato seguinte, só com ele, mostra-se cuidadoso, pergunta se pode desenhar... Os brinquedos e material de desenho estão em cima da mesa. Enquanto desenha, olha-me às vezes, parecendo que busca ver se ele está indo bem lá comigo.

Ao finalizar, entrega-me os desenhos, explicando: o avião vai atacar... E os barcos estão indo para a Suíça; o desenho seguinte mostra o bombardeio dos barcos que estão unidos... (Figuras 1 e 2) (As imagens mostram a fantasia de ataque masturbatório de Alex ao objeto combinado, pais em conjunção sexual).

Conversamos sobre sua vinda e que iremos trabalhar juntos e só precisava combinar os horários com seus pais. Ele está de acordo.

Passa a desenhar um avião chegando e muitas pessoas esperando-o. E explica-me que é o presidente dos Estados Unidos voltando de viagem (aqui aparece sua satisfação ao ter sido aceito por mim após ter-me mostrado suas fantasias).

Alex – Desenho 1 (11/1975)

Alex – Desenho 2 (11/1975)

Alex – Desenho 3 (11/1975)

Hector – imagens oníricas

Hector, 8 anos, iniciou a análise por ser passivo, pouco competitivo, dispersivo para os estudos, com dificuldade para comer desde pequeno e crises de choro.

Percebo seu pai como exigente, por vê-lo destrutivo, enquanto a mãe o vê frágil e sem força de vida, evidentes identificações projetivas dos pais nesse filho.

Desde o início da análise, Hector lida comigo não acreditando que eu possa compreendê-lo; ele quer que eu adivinhe o que se passa com ele, e ele tem de adivinhar o que eu penso... E defende-se de mim sendo poderoso. Isso significa que ele não acredita que o objeto possa recebê-lo e não pode receber o objeto dentro de si (introjeção).

No terceiro semestre de análise, uma sessão:

Hector arma a mesma brincadeira da sessão anterior: com a caixa de ludo aberta, vazia, em cima do divã, como se fosse um gol, ele é o goleiro, e eu jogo a bola (com as mãos). Vou comentando "que ele, assim, estabelece uma continuidade entre uma sessão e a seguinte como se fosse tudo conhecido e bom, para não se enfrentar com o novo de cada encontro" (ele vai escutando)... Estamos começando tudo de novo... Começamos os lances; eu acerto a bola no gol... Várias vezes... E eu continuo: "É como uma mãe que vai dando as colheradas para um bebê e tem de ser bem esperta para conseguir que ele aceite"... Ele escuta e vai facilitando a entrada da bola que eu lanço, como querendo mostrar-me que ele não é mais aquele bebê que recusa a entrada de comida da mãe.

A continuidade dos encontros mostra um Hector que está mais seguro quanto à analista ser um objeto que pode conter sua violência e seu desejo (a defesa) de estar em cima do seio (do objeto combinado). Mas é um caminho de idas e voltas ainda, por não se sentir seguro quanto ao objeto, que o sente querendo esvaziá-lo de sua onipotência (sua defesa), como podemos ver em uma sessão em que ele faz o Desenho 1.

Hector – Desenho 1

No desenho, parece me sentir "perfurando" sua onipotência, injetando compreensão do que realmente ele sente...

Na continuidade da análise, agora no quinto semestre, ele sente a aproximação da separação da analista pelas férias de verão e procura se reassegurar de que consegue manter a analista dentro dele, fazendo o seguinte: espreme cola líquida em suas mãos e mostra-me como consegue grudar uma mão na outra e desgrudá-las. E, quando a cola de suas mãos seca, ele coloca a mão dele na minha para me mostrar que agora não gruda... Coloca, então, de novo cola em sua mão e apoia sua mão na minha mão...

"Hector grudado na Marisa e agora levando a marca dela e deixando a dele, para garantir que continua a presença da Marisa quando estiver ausente pelas férias, e a presença dele na Marisa é para não o esquecer."

Esse movimento mostra imagens dele para se assegurar que o objeto está em sua mente, que ele o simbolizou...

Na sessão seguinte, última antes das férias, ele cria um canudo por onde olha e faz gesto de aspirar todo o conteúdo da sala para dentro dele. Agora, olha-me através do canudo e pede que eu faça um gesto com a boca, e confirma que me viu copiando o seu gesto da boca... e vai repetindo essa ação, pedindo que eu faça outros gestos... Em seguida, ele me dá o canudo para eu acompanhar os gestos dele, que eu tenho de repetir...

Analista – "É para você se certificar de que me tem dentro, e eu tenho você dentro de mim, e, então, você pode se separar para ir de férias".

Estas seriam as imagens de Hector, fruto da experiência sensorial e emocional de estar se separando, e sua ansiedade de perder o objeto, ou de que o objeto se transforme, ou de que o abandone.

A criação do brinquedo o reassegura de que é capaz de manter a analista dentro dele e de que ela o mantém dentro dela até o retorno.

Breno – imagens oníricas

Breno, 10 anos, inseguro, sem amigos, não faz esportes: aos 6 anos, teve convulsões, com remissão, e toma medicação até hoje. Tem um irmão menor. Pais profissionais da saúde.

Apresenta-se, no início, com ansiedade para o contato novo e interessado em saber como vou funcionar com ele.

Passa a fazer desenhos e, a cada um que termina, avisa-me de que acabou (Desenho 1). Aguarda que eu lhe diga algo... E, então, inicia um segundo desenho (2) na mesma folha. Parece que me diz o que está se passando com ele: que sente um sol-leão pequeno e que tem de trancá-lo para separá-lo de uma gorila. Seria como sente a relação aos pais?

Breno – Desenhos 1 e 2

Esses mecanismos de separação e controle para impedir a união dos objetos primários inibem sua espontaneidade, e sua agressividade fica retida nessa fantasia de controle.

Os desenhos seguintes mostram sua expectativa de que eu possa ajudá-lo a liberar suas forças agressivas: desenha fogos de artifício (Desenho 3).

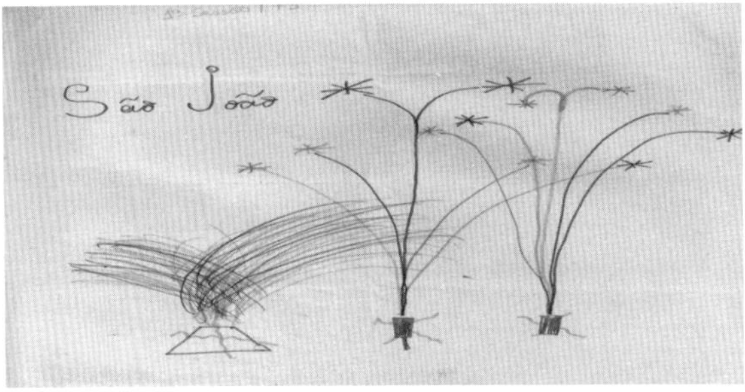

Breno – Desenho 3

Na quarta sessão, eu me atrasei quinze minutos; desculpo-me e aviso que vou repor esse tempo. Ele aceita.

Ele passa a manipular massinha para fazer um polvo e cruza-lhe as pernas para ficar bem presas. Será que Breno tem consciência de que esperar por mim fantasiou uma cena primária? Fechar as pernas da analista-polvo para impedir a entrada do terceiro-que-atrasou a analista?

A analista não comentou isso com ele... Breno desmancha esse polvo e passa a fazê-lo de novo, demorando-se, e diz que tem cabelos, e trança de novo as pernas do polvo, e coloca-o em sua cabeça, sorrindo. Em seguida, diz: "é um anjinho", como se fosse uma auréola.

Anna – imagens oníricas

Anna, 6 anos e 6 meses.

A queixa importante dos pais de Anna era a conduta antissocial na escola, o que se normalizou durante o terceiro ano de análise, período em que os pais resolveram interromper o tratamento. Nessa ocasião, o distúrbio de alimentação, que consistia em uma inibição do apetite e exigia redobrada atenção materna, havia sido superado. Seu sono passara a ser tranquilo, sem pesadelos constantes. Sua conduta, de relação mais amistosa e respeitosa em casa e na escola.

Os pais de Anna não constituíam um casal e, apesar de morarem na mesma casa, dormiam em quartos separados. O pai, pessoa formal, usando todo o tempo linguagem jurídica, considerava-se sem energia para os enfrentamentos agressivos e procurava aplacar os conflitos surgidos no convívio familiar. Provia o sustento da família. A mãe era a forte, autoritária, com métodos educacionais severos. Vivia isolada em sua casa, sem contato com vizinhos e amigos, sem intercâmbio externo, evitando a "contaminação dela e de sua família". Vivia para os filhos (Anna tinha um irmão menor).

Ambos informaram haver dificuldades como casal, mas haviam optado por continuar juntos para criarem os filhos. Não havia, na ocasião, disponibilidade alguma para um trabalho familiar ou de orientação ao casal.

No primeiro contato, Anna disse que Deus punha uma semente na mãe, e o bebê nascia. Mudou de assunto quando perguntei qual era a participação do pai no nascimento de um bebê. Fez os dois desenhos, que mostram, no meu entender: no primeiro (Desenho 1), ela voando no espaço, sentindo-se sem referenciais, como em uma nuvem... e no segundo (Desenho 2), uma menina andando no solo, de braços abertos, sorrindo, como se tivesse descido à terra, cabelos esvoaçados... Estaria com essa imagem dizendo como se sentiu nesse primeiro encontro?

Anna – Desenho 1

O comportamento de Anna, fazendo "operação tartaruga" para comer, para os cuidados higiênicos e para ir dormir, mantinha a mãe ocupada e irritada. Sugava duas mamadeiras de leite (manhã e noite), como o irmão, e não usava o banheiro fora de casa.

Anna – Desenho 2

Os pais acreditavam que Anna assim procedia porque reagiu ao nascimento do irmão (ela tinha três anos na ocasião); havia sido muito mimada e esperada (ela nasceu seis anos após o casamento).

A mãe acrescentou que havia sido muito técnica: retirava-lhe o peito quando completava o tempo recomendado pelo pediatra e preocupava-se com contaminações, exagerando nos cuidados, o que nos fez entender que se sentia responsável pelas perturbações de Anna.

Anna, no início da análise (quatro vezes por semana), mantinha uma verbalização constante enquanto picava papéis, massinha; apontava lápis para obter as raspas, raspava giz de cera, tudo para "transformar em comidinha", em um comportamento apressado, para logo poder brincar... Eu me sentia aturdida com a velocidade dela em executar ato após ato, exigindo que eu a ajudasse nisso e, assim que eu começava a executar o que me pedia, ela me interrompia para logo fazer outra coisa, e com pressa, como se nunca fosse ter tempo suficiente para viver tudo o que precisava naquela sessão, como se não houvesse nenhuma outra sessão para continuar (ocorreu-me uma imagem: um bebê ao peito precisando sugar rápido antes que este lhe fosse tirado, antes que o peito fosse embora, sem ela ter concluído sua mamada e alimentado-se de leite e da relação com a mãe)! Sentia-me "desmontada" por sua conduta e percebi que precisava "plantar-me" ativamente em uma posição de espera e de receptividade desse estado de mente em que Anna vivia e que inundava nosso encontro. Atacava a sala com sujeiras e bagunças para conseguir seus intentos de obter "coisas".

Repentinamente jogava "seus líquidos e comidinhas" em mim, manchando minhas roupas, sem que eu pudesse prever essa ação, e algumas vezes me vi tentando aplacá-la em suas atuações para não ser atacada; algumas vezes, eu ficava em um estado de alerta para me proteger de um repentino ataque, e, evidentemente, essa atitude não servia para a sua análise.

Fui verbalizando o significado de seu comportamento: medo de que eu a interrompesse, de repente, no que ela estivesse fazendo, sem que ela pudesse concluir sua ação. Esse ato mecânico, sem preliminares que indicassem a intenção, assemelhava-se mesmo à interrupção de uma mamada quando o relógio marcava o final regulamentar autorizado pelo pediatra e sem intermediação da mãe.

Durante o primeiro ano de análise, a hora de terminar a sessão desencadeava sempre um ataque de fúria. Ela prolongava a hora, e às vezes foi preciso retirá-la à força, levantando-a pelos braços, aos gritos.

O final da sessão era sentido como uma interrupção definitiva, um corte violento, arrancando-a de mim, eu passava a ser "má"; a boa relação acontecida na sessão "se rompia em mil pedaços", e lançava tais pedaços em mim concretamente (as comidinhas, as massinhas, a água etc.).

A descrição desse fazer de Anna compõe uma imagem de estar transformando em comida todo o estoque de seus brinquedos para alimentar – em uma inversão, eu sendo o bebê faminto que está terrivelmente esfomeado, e ela, a mãe que está fazendo tudo depressa para atendê-lo. Quando eu a interrompia pelo fim da hora, mostrando-lhe a realidade da relação, que eu seria a provedora e ela a criança esfomeada, o ataque dela mostrava o quão alucinatório era esse comportamento.

Voltava na sessão seguinte correndo para agredir-me a tapas e pontapés, sob os olhos consternados do pai (que a trazia constantemente), parecendo "armar-se de coragem para enfrentar o monstro" que eu tinha me tornado dentro dela também pela separação; a analista era o seio, e não ela, o que a fazia sentir medo de ser atacada por esse seio mau.

A relação idealizada se manifestava por meio de dramatizações em que ela tentava concretizar, por exemplo, uma história de rainha ou princesa em que eu era um suporte de um aspecto de sua fantasia. Ela trazia roupas de casa, pedia-me para ajudá-la a vestir-se; eu tinha de admirá-la, obedecer às suas ordens, e, às vezes, ela me incluía como um personagem, para que ela pudesse "criar tal ilusão". Essa relação se quebrava à menor falha ou dificuldade em executar todo o plano, quase sempre sendo o principal obstáculo o tempo que ela dispunha da sessão.

Embora sua conduta indicasse controle para dominar o objeto vivenciado como persecutório e aterrorizante, havia outros momentos em que a função do controle parecia ser outra. Assim, quando ela pretendia dramatizar histórias de princesas e castelos, ou quando ela me pedia coisas impossíveis ("Quero voar...") e exigia minha participação para executá-la, havia aí um controle com a finalidade de que o que ela estava imaginando criar, eu pudesse concretizar; uma ligação mente a mente sem intermediação da realidade externa. *Lembrei do que Winnicott descreveu como a necessidade inicial do bebê de manter a ilusão de que ele criou o peito, no momento em que a mãe o colocava quando o bebê o queria e que ele chamou de ilusão da criatividade, experiência importante para a crença em sua própria criatividade.*

Pensei no que a mãe me relatou de sua relação inicial: uma mãe muito insegura em sua capacidade de cuidar e compreender sua filha, substituída frequentemente por uma técnica que decidia quando dar o peito e quando retirá-lo, quando se expor ao contato e quando não, por ser contaminante.

Diria que, na entrevista, a mãe reconheceu não ter tido o que nós, psicanalistas, chamamos de *reverie* (Bion, 1962) e ficava insegura quanto à sua função de ir fornecendo símbolos, de poder alimentar e fazer crescer uma mente simbólica.

Parece que a mãe conseguiu, de modo predominante, oferecer-se sensorialmente, apresentando um mundo cheio de perigos e onde só sua presença concreta poderia dar proteção para Anna. Possivelmente, quando a mãe engravidou e teve o segundo filho, o irmão de Anna, esta se sentiu expulsa do mundo em que o Eu e o Não-Eu permaneciam fundidos, e, então, lançada em um mundo aterrorizante, cheio de perigos e contaminações, que a mãe o tempo todo lhe mostrava.

Levando em conta sua fala contínua e suas manobras para borrar os limites "Eu" e "Não Eu", usando de identificação projetiva maciça e intolerância à separação, pensei inicialmente tratar-se de psicose confusional.

Passado um tempo, ela passou a ter um comportamento exageradamente indisciplinado, sem limites, desafiando os adultos, sem medo de ninguém, e foi expulsa da escola.

Ser expulsa, cortar o contato, separar-se e perder o objeto eram experiências que provocavam reações emocionais intensíssimas! Vejamos algumas sessões desse período.

Sessão de 14/09/1983

Anna havia me pedido algum boneco e mais uma panelinha. Eu trouxe uma caixa de papelão com alguns desses bonecos e panelas para ver o que ela queria escolher. Ela foi pegando coisa por coisa, até ficar com tudo. Também perguntava constantemente se eram novos, se eu os havia comprado.

Nessa sessão, novamente seu interesse continua em torno de "comidinhas", o que fundamentalmente consiste em picar giz de cera, massinha, papel de bloco, e de modo bastante agressivo, usando a tesoura muito bem... E, enquanto fazia tudo isso, mantinha uma verbalização, perguntando, entre outras coisas, "Por que estou fazendo isto?" (coça seu traseiro continuamente). Quer se apressar no picar: "Se não, não dá tempo de brincarmos!".

Pensei na contribuição de Donald Meltzer trazida por seu artigo: "The relation of anal masturbation to projective identification" (1966), que se referia à fenomenologia da identificação projetiva no objeto interno.

Anna tocava o traseiro com muita ansiedade, em uma excitação que fazia pensar em fantasias onipotentes poderosas... O poder de comportar-se com sua conduta antissocial, com a analista e na escola, é um poder que a faz crer que o remédio que ela tem é melhor que o da analista, que a masturbação anal é muito melhor que ter relações com a mãe, com o peito, e essa é sua defesa máxima contra seus estados de terror.

Sessão de 26/10/1983

Faz um desenho com uma torre de controle, um aeroporto velho com morcegos e fantasmas; ela está dentro de uma casa, olhando, e todos dormindo. Tem uma menina feito mamãe que espera o papai-avião descer e entrar no aeroporto, ela e as torres de controle ajudam e impedem.

Na continuação do desenho, diz que o avião não tem piloto.

Em seguida, pica completamente os bonecos homem e mulher, e lava os pedaços.

Desse modo, penso que Anna está representando sua história com seus pais, que permitem que ela mantenha a fantasia de controlá-los e de assumir o lugar da mãe, que esta deixa vago junto ao pai.

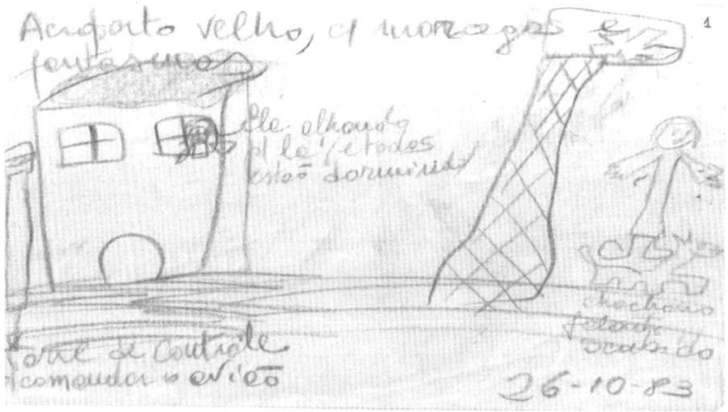

Anna - Desenho 3

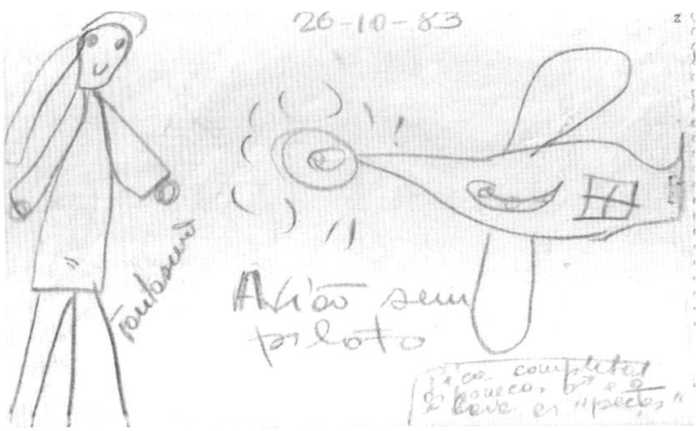

Anna - Desenho 4

Sessão de 21/11/1983

Anna entrou e sentou-se em minha cadeira rindo, triunfante; abriu a caixa e constatou que não havia quase nada (do que tivera), retirou um álbum de desenho e colocou-o no divã. Molhou uma toalha e passou-a em cima da mesa, dizendo que precisava limpá-la para sentar-se. Em seguida, molhou a sala e a mim com essa toalha molhada... e pediu-me outra toalha para secar a mesa.

Como não tinha, torcemos a toalha molhada, e ela tentou enxugar a mesa, para sentar-se em cima dela. Toda essa ação foi acompanhada por uma atitude de agressão verbal: "Você é feia, chata, um papagaio de repetição", falando altíssimo e rindo.

Eu fui-lhe dizendo que ela devia estar se sentindo assim por achar que eu não a ajudei nos dias que passou sem vir, e por isso ela me atacou em pensamento, e eu fiquei estragada. Ela riu e disse para eu ficar quieta!

Contudo, em seguida, quis recostar sua cabeça na minha: "Para colocar meus pesadelos na sua cabeça", disse Anna.

Eu continuei dizendo que ela se sentiu sozinha com seus pesadelos, e ficou com raiva de mim, porque não estava.

É impressionante esta sequência de imagens oníricas:

1) sentar-se em minha cadeira, como ela sendo eu, para não haver separação;

2) limpar a mesa–peito analítico sujo por ela, para sentar seu ânus em cima do peito = seu ânus superior ao peito;

3) ao ouvir que eu a estava compreendendo, ela encosta sua cabeça na minha; e fala "para passar meus pesadelos em sua cabeça".

Ela riu alto, agitou-se e disse: "O primeiro pesadelo que tive... eu vi um menino nascer sem cabeça... e a mãe também não tinha cabeça". E riu nervosamente. "Eu sou forte, mais que todos, e mando em todos". E riu alto.

"O segundo pesadelo era um homem, meu tio, só sua cabeça... com os olhos esburacados... e a garganta esburacada..." (riu altíssimo). "Aí, eu comi 'tampa de caneta e prego'" (arregalou os olhos e riu).

"Eu quero petróleo... Eu como petróleo... Quero torta de petróleo", disse ela. Com os olhos arregalados, olhou para o alto de minha cabeça e disse: "teu cabelo são espaguetes, eu vou pôr queijo e comer teu cabelo" (e faz de conta que vai comer com a boca bem aberta).

4) Comer meu cabelo, única coisa orgânica para se alimentar sem ser petróleo...

Analista – pobre menina... Não há ninguém que faça comida para ela... e come o que gente não come... Vou fazer uma comida para ela... o que você quer?

Anna – "Quero petróleo".

Analista – "Então você é uma máquina?".

Anna – "Faz uma torta de petróleo com queijo ralado".

Anna, em seu estado confusional, com pesadelos noturnos e alucinações, imagens terroríficas tão ameaçadoras, das quais se defendia maniacamente, fortalecia-se com um objeto-mau-satânico para superar o terror.

Mais tarde, ela se dá conta dos terrores, e seus pesadelos e alucinações passam a ser denominados por ela de "fatos estranhos".

No ano seguinte, passados seis meses de análise.

Sessão de 28/03/1984

Vem cambaleando, como quem está com sono, e não se sustenta; o rosto abatido, preocupado: está dormindo? Está acordada? Está sonhando?

"Que vamos fazer?", ela pergunta. Olha para dentro da caixa: "Esta revista vai para o lixo"... "Para o lixo o que não presta mais", digo eu... Ela ri, e diz: "Agora, encher d'água todas as vasilhas... o que posso usar para fazer... comidas?" (referindo-se a ter jogado fora toda a "comida" feita nas sessões anteriores).

Analista – "Enchendo de água todas as bocas".

Anna – "E, agora, vamos ver o que fazer com os barcos", e com a tesoura corta o bico e a ponta da vela de um barco de papel (eu havia feito na sessão anterior, a pedido dela, para as bonecas que trouxe de casa. Eu fizera quatro barcos e, no final dessa sessão, ela disse acabar com essa brincadeira e levar as bonecas para casa).

Após ter cortado a ponta, abre o barco, e fica um recorte esburacado, que ela molha e coloca na parede... Rindo e falando alto (em mania).

Digo que o barco de Anna está esburacado, e ela fecha os buracos grudando-o na parede-Marisa. Ela escuta e parece concordar. E continua cortando a ponta de outro barco. "Agora, vou fazer um losango..." (esburacando-o, sem interior, só a moldura que é colada na parede recompondo um losango, e a terceira colagem é algo que parece, um contorno de um peixe, e que resultou de ter cortado mais um barco). Eu continuo interpretando que Anna se sente esburacada, sem consistência, que chegou andando como um saco vazio, porque perdeu a Marisa, que a sustenta, assim como a parede está sustentando o buraco esburacado. Ela não consegue utilizar o recorte do quarto barco; não dá certo, e rasga-o. Digo-lhe que corresponde à quarta sessão, que ela passou a não ter desde a semana passada.

Ela continua "perdida". Diz que gostaria de fazer um bolo (com o papel higiênico que lhe dou), mas ela o transforma em algodão, que serve para fazer curativos em mim; diz que eu sou uma menina pequena que volta da escola machucada, chorando, e a mãe (ela) põe mercúrio que arde, e tem de chorar forte (buscando diminuir sua dor, ela passando a ser eu, e eu, a menina – ela, muito machucada. Antes disso, friso para ela a diminuição do número de sessões e a distância desta para a próxima sessão (segunda-feira), a fim de localizá-la no tempo, ao que ela responde que, então, hoje vai ficar bastante tempo; ela quer ter mais tempo, é muito curto este tempo.

Quando termina a hora, ela entra em crise, atacando-me, jogando água em mim.

A imagem onírica desta sessão: 1) ela corta a ponta de um barco de papel molhado e gruda-o na parede da sala (que é de fórmica). De outro barco, recorta todo o interno, ficando só a moldura; e um terceiro barco, recorta-o como se fosse um peixe e gruda-o também na parede. Com um quarto barco, tenta um recorte, que não dá certo, então, rasga-o... e eu digo que é a quarta sessão que não vamos mais ter... ela se sente esburacada, tendo perdido alguma parte dela, e precisa grudar na parede = Marisa.

(Na verdade, a perda da quarta sessão diminuiu as condições na construção de sua continência...).

5. Da experiência emocional às imagens oníricas durante o processo analítico de adultos

Neste capítulo, pretendemos trazer formações simbólicas da dupla analista-analisando durante a sessão de análise, e sonhos de analisandos durante o processo analítico.

Nossas referências partem da visão de Melanie Klein da fantasia inconsciente como expressão da realidade psíquica em um mundo interno concreto, conceito derivado de suas investigações acerca do significado do brincar de crianças, e seguem com o modelo pós-kleiniano da mente, em que destacamos as contribuições de Bion e Meltzer.

Meltzer, psicanalista contemporâneo de Bion, analisado também por Klein, dedicou-se ao estudo e às aplicações clínicas da Teoria do Pensar. Ele escreve:

> *Para Bion o sonho é pensamento. É o primeiro pensamento, é a representação simbólica inicial do significado da experiência emocional e é a pedra fundamental sobre a qual necessariamente se apoiam todos os níveis*

> *de pensamento mais elaborados, abstraídos, generalizados e organizados. (1984, p. 46)*

Para refletir acerca da passagem da experiência emocional até chegar à sua representação no sonho, na imagem onírica, na formação do símbolo, Meltzer toma a cena mãe-bebê, em que a primeira realização da função alfa na vida do bebê é realizada pela mãe. O bebê alimenta-se com leite do seio-mamilo e com a *reverie* da mãe, que chega pelos olhos e a voz da mãe, pela forma como ela o segura, e transmite-lhe o que elaborou em sua mente, a partir do estado emocional do bebê. Este pode, então, ter "uma imagem onírica e começar a pensar a experiência que está tendo".

Meltzer faz, assim, sua contribuição ao processo simbólico, quando diz:

> (...) *não é só o bebê que depende dessa relação com o seio pensante para iniciar seus processos do pensar.* (...) *A necessidade de ter um objeto pensante que possa ser reativado no nível do bebê, sempre que o* self *se defronte com uma nova experiência, é uma necessidade de todo indivíduo que queira ter condições de continuar a se desenvolver além de determinado ponto* (...) *e está na dependência de ter um objeto no nível infantil, capaz de ajudá-lo a simbolizar a experiência emocional e dar-lhe uma representação num sonho que será o início do seu pensar sobre essa experiência.*
>
> *(Esse objeto, seio-mamilo combinados, em níveis mais sofisticados, está representado por mãe-pai em uma relação harmoniosa, o que leva a uma ideia do superego pensante: pais que precisam de uma área de privacidade; sem as crianças, e isso tem raízes no mundo interno*

– uma câmara para recolher-se e renovar sua conjunção, para fabricar novos bebês, novos pensamentos, novos símbolos.)

Essa expansão de Meltzer acerca da formação de símbolos (significados de experiências emocionais) e fundamentalmente dos símbolos autônomos pessoais, símbolos não vindos da cultura, é, ao mesmo tempo, uma teoria da criatividade.

Segundo essa teoria, toda função criadora artística ou científica tem suas raízes na criatividade dos "objetos internos" e depende, diz Meltzer, da permissão do *self* para os objetos internos se retirarem, para renovarem sua combinação um com o outro.

Meltzer conclui que a formação dos símbolos é importante para o desenvolvimento do ego, mas sua criação não se dá no ego, como afirma H. Segal em seu trabalho "Notas a respeito da formação de símbolos" (1981).

Durante os Seminários Clínicos acontecidos em 1996 na SBPSP, Meltzer reafirma sua visão acerca da origem da formação dos símbolos, partindo da função alfa, descrita na teoria do pensar (Bion). Meltzer examina de que modo Bion vê os objetos internos e o mundo interno em sua concretude, como Klein descreveu, e dá a esses objetos uma função, que é a de fazer pelo *self* alguma coisa que o *self* não pode fazer. Suas contribuições ajudaram-nos, então, a diferenciar os símbolos recebidos pela cultura, pelos pais, daqueles símbolos autônomos, fonte de todo o trabalho mental criativo do indivíduo.

Meltzer (1995, p. 95) acrescenta:

É verdade que muitos símbolos que se encontram no sonho do paciente são perfeitamente óbvios, porque

> *são símbolos recebidos, são formações simbólicas tão encontradas na cultura que podem ser interpretadas quase diretamente. E isso é característica do material da posição esquizoparanoide.*
>
> *Quando se atinge o limiar da posição depressiva, aí se encontra a formação de símbolos autônomos, símbolos que são condensados, complexos, e geralmente envolvem o nível de significado estético. São, em resumo, realizações mais poéticas.*

O sonhar no modelo pós-kleiniano de mente

A aparência de um sonho em geral é tão estranha à nossa vida mental desperta que frequentemente abandonamos a tentativa de compreendê-lo.

Tudo indica que a leitura de um sonho feita com o "mesmo alfabeto", os mesmos signos e linguagens daqueles usados na vida de relação, ao estamos acordados, resulta inacessível.

Partindo dos referenciais psicanalíticos atuais, "Uma teoria sobre o pensar" (Bion, 1962) e os desenvolvimentos de Meltzer em seu livro *Vida onírica* (1984), chegamos ao seguinte:

O sonhar é um pensar inconsciente, um pensar acerca das próprias experiências emocionais, um processo de pensamento pré-verbal – semelhante ao brincar da criança, ou às manipulações do bebê. É um processo contínuo na mente, um processo onírico que aparece sob forma de *flashes*, imagens visuais que não estão relacionadas, aparentemente, com a conversação presente. Seria uma linguagem visual expressiva, buscando significado de uma emoção, seria um pensamento nascente, um início de formação simbólica.

O sentido da experiência emocional é vivenciado como emoções tão diversas, como os objetos que as evocam, mas sua significação sempre se refere às relações humanas íntimas.

Se a emoção constitui a manifestação primária, o sentido (*meaning*) deve ser visto como uma elaboração.

Tal elaboração dá-se por meio de um misterioso processo pela ação da função alfa (Bion, 1962), que produz primeiramente uma imagem onírica, um elemento alfa que chamamos de elementos simbólicos.

As emoções conflitivas inicialmente intoleráveis passam a ser elaboradas inconscientemente pelos objetos internos, e, assim, podem adquirir significado, e, daí, serem integradas na personalidade.

O processo de buscar representação pela função alfa acontece se estamos em condições de tolerar os significados vindos das experiências emocionais. Se a dor psíquica não for tolerada, o processo de transformação em símbolos é "canibalizada", desmontada por meio de uma inversão da função alfa, que produz objetos bizarros, descritos por Bion em sua teoria do pensar.

A imagem onírica, para Bion, é o primeiro pensamento, é o primeiro sentido (*meaning*) da experiência emocional, é a pedra fundamental sobre a qual se apoiam os outros possíveis níveis de pensamentos mais elaborados (abstrações, generalizações).

Meltzer descreveu a vida onírica como "um teatro gerador de significado"; o mundo onírico é o lugar onde os eventos mentais acontecem, e é onde os objetos internos empreendem funções reais na mente, que o *self* sozinho não consegue executar.

Exemplifico com os sonhos de pacientes em análise

Trata-se do sonho de um paciente, Rubens, há três anos em análise, neste período, duas vezes por semana, que avisou por telefone que não poderia vir à primeira sessão da semana (terça-feira) por um trabalho a que fora convocado, e pediu reposição, que eu pude dar no dia seguinte, quarta-feira. Ele está em um período em que traz frequentemente sonhos.

Na sessão de quarta-feira, ele conta o sonho que teve na véspera: *"estava com um casal de amigos, e eles me pedem para tomar conta do seu filho (de 3 para 4 anos). P. aceita, e eles saem. Nesse apartamento do sonho, a porta de saída é uma porta pantográfica, como de elevador antigo... e o menininho vai até lá e ele sobe pela grade... e o P. fala para ele descer...".*

Associações... a um certo momento, passa a falar da matéria que fez após a visita em um presídio. Neste sonho, aparece o estado emocional do P., que o analista poderia transformar em palavras: "Estou frustrado pois fui impedido de ir ao encontro do analista... como o garotinho se sentiu frustrado por não poder acompanhar os pais".

As cenas do sonho são:

– Ele tomando conta do garotinho para os pais saírem.

– O garotinho correndo até à porta de saída, pantográfica, escalando-a (a porta se assemelha a grades da prisão onde P. esteve no dia em que não pôde comparecer à sessão).

Na transferência, ele transfere ao analista a ação de ser deixado e trancado com grade. Não é ele que não pode vir, sou eu, analista, que o deixo, e isso é representado no sonho pelo garotinho, aspecto dele.

Que instrumentos a psicanálise nos oferece para a leitura de um sonho durante a sessão de análise?

Sabemos que a linguagem do sonho é predominantemente visual; são cenas. Então, que relação podemos estabelecer entre as formas simbólicas visuais e a linguagem verbal? E, ainda, como a psicanálise vê atualmente a formação da linguagem e dos símbolos no domínio verbal? Recorro a Meltzer, no Capítulo VII de seu livro *Vida onírica* (em inglês, *Dream Life* [1984]), em que ele expõe a interação da linguagem visual e da linguagem verbal nos sonhos, como segue:

- Um nível atuando a partir das profundezas do inconsciente, responsável por transmitir estados emocionais por meio da identificação projetiva.

- Outro nível atuando a partir do consciente, que sobrepõe palavras à música profunda inicial (balbucios etc.) com o propósito de comunicar informações sobre o mundo exterior. A maneira pela qual se entretecem a música, os significados verbais e as imagens visuais que estes evocam compõe uma "espécie de fuga", com aspectos visuais manifestos

Em psicanálise, hoje, é aceita a tese de que as crianças chegam a compreender e "falar a língua"; antes de serem capazes de utilizar as palavras (Susan Isaacs, "A natureza e a função da fantasia", 1952), o que indica que o aprendizado da linguagem é um processo fundamentalmente inconsciente, não se dando entre o nível consciente e o pré-consciente, como um procedimento para atrelar o pensamento à consciência, como Freud achava.

O uso da linguagem é visto como um modo de funcionamento da identificação projetiva para comunicar estados de ânimo.

O uso das palavras serviria para a transmissão de informação de uma mente a outra.

Meltzer sugere, então, uma teoria do desenvolvimento da linguagem em duas etapas:

Uma primeira, em que a criança percebe ter uma capacidade instintiva para a linguagem interior e efetua a "publicação" (Bion) interna e externa de seus estados de ânimo.

Uma segunda, que consiste na adaptação dessa linguagem interior à descrição da realidade externa, por meio da verbalização, da delineação de morfemas (conteúdos) dentro da "série" de fonemas (sons).

Se a linguagem em seu verdadeiro significado é um processo que emerge da fantasia inconsciente, e se representações formais de diversos tipos organizam essas fantasias em formas "publicáveis", como modos de comunicação de estados mentais, Meltzer sugere que se considere a "vocalização" como forma simbólica (arcaica) e a "verbalização" como o seu correspondente sistema de notação.

Atualmente, entendemos o sonho noturno como uma "ruminação", uma tentativa de digerir e, enfim, elaborar experiências emocionais da vida quando estamos acordados.

Vejo que os elementos visuais do sonho às vezes são tirados de cenas que foram vividas em vigília, que Bion chama "a mobília dos sonhos", em que a emoção não conseguiu ser elaborada em significados (símbolos), e o processo onírico continua, durante o sono, buscando elaboração, configurando-se um sonho.

A formulação (interpretação) de um sonho, durante o processo de análise, seria, então, a resultante de uma transformação das imagens oníricas em linguagem verbal para tornar possível alcançar seu significado.

Exemplos de tentativa de formação simbólica de pacientes em análise

Sessão de segunda-feira – sessão on-line (sem imagem)

Paciente há um mês em análise, quatro vezes por semana, e ainda acertando algum horário. No caso, para a sessão de terça-feira, precisei oferecer-lhe o das 8h30, enquanto na sessão de uma terça anterior, ele foi atendido às 9h20. Ele aceita. Vem para esta sessão e, a um certo momento (desta sessão), conta o sonho desta noite:

"Estava sendo inaugurado um shopping onde havia um doce delicioso"... "Eu tinha senha para entrar, mas na fila, atrás de mim, olhavam para a minha senha, e eu, para disfarçar a digitação, para que outros não entrassem, não conseguia digitar direito e não conseguia entrar. Se conseguia abrir... entrava mais gente... e eu não conseguia trancar a porta"...

Analista – Sim, acho que este sonho tem a ver com eu ter mudado seu horário de hoje... (estava arranjando os horários para você ter um fixo às terças-feiras).

Ele – (escuta e começa a rir, descoberto em sua ansiedade de estar impedido de entrar e ter só ele a sessão, e outros querendo também disputar o lugar).

Na sessão da terça-feira seguinte, ainda estávamos com o horário das 8h30. Ele não contatou pelo celular; o analista esperou até o final da sessão, quando mandou mensagem que o horário estava terminando.

Ele respondeu assustado: "Não acredito que fiz isto!", e esperei para ligar para a sessão de 9h20 (não é mais seu horário)!

A sensibilidade dele com a mudança de horário significou para ele que eu dei o horário para outro, e ele perdeu o lugar. Apesar de ter se sentido excluído por mim, por eu ter mudado o horário, ele tinha uma senha, ele estava incluído. Mas o sentimento de exclusão prevaleceu; pelos registros da infância que estamos conhecendo e temos de trabalhar, ao negar estar ainda com o horário das 8h30, perdeu a sessão. Não ter podido, até então, separar-se da infância e funcionar em um nível adulto custou-lhe a perda da sessão.

Paciente feminina, 40 anos, no segundo ano de análise, quatro vezes por semana, com estrutura maníaco-depressiva, com sentimentos de ter sido excluída e injustiçada pelos pais desde o nascimento da irmã, quando ela tinha 8 anos.

Sessão de terça-feira [foi feriado na segunda-feira].

Ela informa que passou de cama o feriado, com febre, e teve sonhos, não entendia se estava acordada ao escutar barulhos... música... Parecia dormir e acordar a toda hora. Mas teve um sonho bem definido, segundo ela:

"Estava em um lugar de ruas estreitas, como Veneza, ruas sem água, tinha de encontrar algo, tinha de virar para a esquerda, mas daí ficou sem saída, continuei andando e passei por um lugar... não sabia se era prefeitura ou embaixada... Fui entrando, havia degraus, oito mais ou menos, um patamar, outro lance e outro patamar... Aparecem ruínas, muito bonitas, fiquei surpresa... gente atrás de mim pegava-as para levar embora, eu não achava certo pegar. E depois me arrependi... havia estátuas de leões, de pessoas para serem restauradas...um lugar lindo."

Associações dela: "A análise é uma restauração"... acho que pensei em prefeitura porque fiz meu imposto de renda nos feriados... esquerda é uma palavra que chamou atenção no sonho... mas não sei...".

Digo-lhe que estaria buscando algo... a sessão de segunda-feira que não teve pelo feriado (ela dissera, na quinta-feira anterior, que não estava gostando deste feriado, de ficar tanto tempo sem sessão, alusão às suas tensões com entrevistas etc.)?

(Eu imaginei que para a "esquerda" – é a entrada para a sala de análise [andando em um corredor do meu consultório, é a primeira porta à esquerda], *mas está fechada, não vamos ter sessão, e ao continuar subindo escadas, encontra-se com ruínas que nem imaginava que existiam...).*

Quando falo das ruas estreitas, sem água, cidade italiana (italiana como a analista) aludindo à busca da sessão que ficou fora do seu alcance, ela diz que, na verdade, não seria Veneza, seria mais Firenze, e que lá ela viu escavações e que acha uma idiotice ficar escavando, pois lá, onde escavar acham-se ruínas romanas, mas também interfere-se no que existe de atual.

Digo que ela acha uma "idiotice" é ficar sendo "escavada". Pelas entrevistas? Para ser examinada, o que lhe provoca um reboliço em sua análise (doenças e faltas)?

Eu aproximo o estado de não saber se estava sonhando ou acordada e ouvindo barulhos, como o estado de sonolência que apresenta frequentemente nas sessões. Ela fica de acordo, e eu acrescento que deve ter sido um estado de mente, pela "distância" de sua análise (intervalo maior), pois "ouvia" sem distinguir o que estava acontecendo aqui comigo. Como a menina ouvindo ao longe o que se passaria no quarto dos pais?

Ela escuta e lembra-se, então, de que o corredor de acesso à sua casa era comprido e estreito, e de que seu quarto, do lado do dos pais, tinha comunicação, mas foi ocupado pelo avô por muito tempo, apesar de ser dela. Porque ele frequentemente tinha mal-estares, e os pais o socorriam. Ela, então, foi deslocada para um quarto fora da casa, que alcançava subindo uma escada com patamar...

Comentário

Pensei que a paciente viveu a falta da sessão pelo feriado como tendo sido expulsa da análise, a mesma emoção, o mesmo significado que ela viveu pela mudança do quarto dos pais. No sonho, aparece a imagem do percurso todo, indo em direção à sala de análise, mas está fechada, e continua, agora, subindo escada e patamar...

O que sentiu pela falta da sessão, ela tentou trabalhar durante o sonho, e que seria igual ao sentimento da infância: mágoa, ressentimento ao ter sido deslocada de seu quarto por uma necessidade da família; mas ela compreendeu ter sido expulsa, uma compreensão que resultou de um passado presentificado.

Essa mesma paciente, em uma sessão um mês antes desta, trouxe um sonho em que é possível acompanhar a situação emocional que se assemelha à do sonho que acabamos de apresentar... No caso, houve a falta da última sessão da semana por desmarcação minha, que ela viveu como tendo sida expulsa por mim, para eu colocar em seu lugar "outro", e isso a fez viver um clima de guerra comigo.

Sessão de segunda-feira – 13 de março

Entra satisfeita, na hora. "Parece que faz tanto tempo que não venho aqui...".

[De fato, na quinta-feira, sua última sessão, não pude atendê-la, e, ao avisá-la disso durante a sessão de quarta-feira, ela não conseguiu encontrar um horário de reposição; embora eu sentisse uma hostilidade encoberta, não foi possível falar-lhe, porque ela se "retirou" em um silêncio-apagamento [que, em sessões anteriores, ela descreveu como "estado de sonolência": ouve, mas sente-se longe e não consegue responder].

Em seguida, conta um sonho que teve de domingo para segunda-feira, dizendo que percebeu as cores do sonho como importantes, que notou que sonha em cores; já devia acontecer antes da análise, mas agora ela percebeu:

"Era um clima de guerra... parecia de alemães ou italianos... e uma fuga de guerra... muita gente... eu era jovem... e me lembro bem de que meu pai estava lá, talvez toda a minha família... e chegamos a um lugar, como se fossemos ficar... e um quarto que iria ser meu quarto, enfim onde eu iria ficar... havia uma escrivaninha, lindíssima, cor de vinho, estilo meio inglês, grande, com duas gavetinhas que poderiam ser fechadas como cofre, com segredo [depois, explicou que estavam abertas e tenta me descrever a escrivaninha que estava tão nítida em sua mente que poderia desenhá-la... algo de que ela sempre gostou e que sempre quis ter...].

Mas daí tinha de ir embora, entrando em um trem, ou em um ônibus, talvez um trem-comboio grande... muita gente...

Havia homens uniformizados... pareciam italianos, uniforme composé, *assim, azul-marinho com listras brancas, ou com bolinhas brancas, era talvez o bilheteiro... se juntaram com o manobrista, o condutor... para tirarem uma foto, e eu vendo-os juntos para a foto, era engraçado, pareciam palhaços... o clima era italiano. Havia... em outro momento que não lembro, vinho Chianti, aquela garrafa com palha...*

Engraçado, eu falei vinho na garrafa e escrivaninha cor de vinho... algo comum...".

As imagens visuais do sonho são:

1 – Clima de guerra (eu penso no sonho ligado aos acontecimentos da sessão de quarta-feira, da falta da sessão de quinta-feira, o clima de guerra da sessão de quarta-feira e o clima de fuga quando se "retirou" em seu silêncio-sonolência-incomunicabilidade... Havia uma ameaça no sonho, da qual precisava fugir, que se transformou em boa e divertida no final do sonho, como fez no final da sessão de quarta-feira, despedindo-se com "até amanhã", quando sabia que eu não poderia atendê-la.

2 – Um quarto para ela com escrivaninha lindíssima cor de vinho e duas gavetinhas, que teve que abandonar.

3 – Trem-comboio com homens uniformizados, pareciam palhaços tirando fotos, um clima italiano, com vinho...

4 – A cor do vinho nos dois objetos: escrivaninha-gavetinhas, vinho. Chianti com a garrafa de palha.

No nível transferencial, a paciente parece ter tido uma experiência emocional (na sessão de quarta-feira, ao avisá-la da desmarcação) que não conseguiu elaborar: retirou-se do contato, invocando sonolência, não respondendo às minhas intervenções, e, ao terminar a sessão, despediu-se com um "até amanhã", quando, na verdade, não teríamos a sessão do dia seguinte (quinta-feira). É possível conjecturar que ela tenha se sentido "expulsa de seu lugar", excluída pela analista, que estaria ocupando "seu lugar" com "outra coisa", e equiparou a desmarcação como "tendo sido expulsa do quarto dos pais pela chegada de outro" (cena primária).

A primeira parte do sonho "conta" estas emoções: hostilidade, pela expulsão; sentir-se sem lugar até encontrar um lugar mais antigo: escrivaninha-seio, a relação primeira com o peito e a mãe. Mas esse lugar tem de ser abandonado, e é obrigada a entrar em um trem-comboio, onde o clima é de uma reunião festiva com vinho, homens-palhaços, indicando, com desprezo, sua passagem de peito para o pênis.

Essa imagem onírica cor de vinho parece indicar a congruência para a formação de símbolos, os objetos parciais escrivaninha-gavetinhas e garrafa com palha-Chianti, seio e pênis. A analista-seio-escrivaninha cor de vinho está perdida e ela está entregue a um pênis-garrafa-de-Chianti, que a põe em uma reação maníaca, à qual ela assiste alucinatoriamente na sessão e no sonho.

Novamente a ausência é sentida como exclusão, que a paciente significa como igual à perda do seio, que ela não consegue substituir por uma formação simbólica. É o que também chamamos de *passado presentificado*, que obstrui a capacidade de significar tal experiência com as ferramentas que a vida adulta lhe proporciona, mas que, neste estágio em que está, ela não consegue usar. Esse caminho intermediário mostra também a complexidade desse processo para se chegar à configuração de símbolo.

Outro exemplo

Vou expor momentos de uma sessão com uma paciente que está em análise há cerca de dois anos, quatro vezes por semana.

Ela chega dez minutos atrasada; justifica-se dizendo que havia muitos caminhões na estrada. Caracterizo esse momento da sessão como não havendo significado para a paciente, que considerou seu atraso como vindo de uma circunstância externa apenas, e para a analista que não sabe ainda ... e cogita haver algo novo, por ser raro a paciente se atrasar... e pensa que a verbalização dela leva a crer em algum impedimento em seu "trânsito mental". A analista decide não a interromper e seguir escutando o que a paciente está interessada em investigar: o que se passou no fim de semana.

A paciente fala de um estado de certa confusão e falta de controle que ela viveu nos dias de intervalo analítico e relata acontecimentos que testemunhariam seu estado de confusão e falta de controle. A analista, porém, escuta que a paciente não espera ficar atrapalhada e falhar, e que tais falhas são sentidas como estar perdendo o controle onipotente. A paciente espera que a analista investigue onde está "o erro" que a impediu de ficar imune a certos estados de mente. Esta escuta, agora, que a paciente quer que lhe repare a onipotência, ferida durante o intervalo analítico, para "reparar" a imagem idealizada que a paciente tem de si. O atraso da paciente para a sessão seria sua "falha de hoje", que poderia ser investigada durante a sessão, mas com a qual ela está se negando a tomar contato.

Nesse momento, a analista sente-se incomodada pelo pedido da paciente de querer investigar o "erro", por não acreditar haver "falhas" no que esta contou, mas que o problema é outro!

Tal incômodo é superado quando a analista percebe a recriminação da paciente, recriminação que está contida em seu desejo de investigar "em que ela errou" e em que a analista também errou por não lhe dar instrumentos infalíveis contra a angústia. A analista acredita que a paciente tenha vivido e esteja vivendo confusão e medo de não ter controle, o que evitaria a invasão de emoções, sentidas como ameaçadoras, mas ela não sabe falar daquilo. E penso que é nisso que a analista tem que ajudá-la.

A analista agora interpreta que a paciente quer que a analista encontre "o que está errado", arrumando, assim, a autoimagem da paciente e, ao fazê-lo, mostrar sua competência e, então, consertar a imagem que a paciente fez da analista. A paciente responde que é aquela mania de ela ser perfeita e sem falhas. Por termos, muitas vezes, tocado nessas situações, ela reconhece e une esse momento a tantos outros já percebidos. No entanto, a intervenção da analista está sendo usada pela paciente para recriminar-se, "aquela mania de perfeição de novo". A analista enfatiza que a paciente está, de fato, recriminando a analista, que, do ponto dela, falhou por não a ter imunizado contra sentimentos de confusão e perda de controle. A paciente reconhece em si mesma essa expectativa, que, agora, considera infantil.

A paciente informa que, agora, voltou à sua mente o que estava pensando quando vinha para a sessão, que não viu sentido, mas, "para colaborar", vai contar. Lembrou-se de um antigo namorado, aquele para quem ela mandara seu convite de casamento, e ele respondeu dando a entender que ainda estava a fim dela e que não tinha aceitado o afastamento entre os dois. Ficou pensando em localizá-lo e marcar um encontro e depois se perguntou: "Para quê, se estou bem-casada?!". Respondeu-se que seria para saber como ele estava e o que tinha feito naquele tempo todo.... Estava casado? Tinha filhos?

Aí, ela se imaginou indo ao encontro, e ele estar lá com a mulher dele – "Já pensou?".

Tal verbalização alerta a analista pelo insólito! Pareceu-lhe estar contando um sonho diurno, tratando de elaborar alguma situação presente... Mas qual? Imediatamente, apareceu na mente da analista que o antigo era também o horário dessa sessão que a paciente tinha deixado, e hoje estava voltando a este horário para substituir outro no qual ela estaria impossibilitada de comparecer. Na realidade, analista e paciente tinham conseguido superar tal interferência externa, em benefício do trabalho de análise, colocando a sessão nesse horário, mas a disponibilidade e o acolhimento concretizados pela oferta de outro horário levantaram nela uma ameaça, no momento em que passou a significar algo equivalente à volta a um antigo namorado, que estava ligado a outra, que estava ocupado...! E que tinha sido deixado por ela...

Na transferência, o equivalente parecia ser a analista ocupada com outro paciente no horário por ela deixado. Mas a ameaça pareceu vir de uma situação passada que a analista sabe da paciente e que está sendo omitida por uma questão de confidencialidade. O atraso, agora, poderá ter o sentido de retardar o contato dela com tal acontecimento. A paciente aceita a interpretação. O *self* infantil, com a fantasia de uma cena primária ameaçadora, impôs-se à consciência da paciente, interferindo momentaneamente com a relação atual analista-paciente, voltada para o conhecimento.

Nos exemplos apresentados, aparece a congruência na tentativa de formação de símbolos: 1 – no sonho em que o garoto corre para a porta pantográfica em direção aos pais, que saíram, e o paciente impedido de vir em seu horário de sessão por estar "preso" em um trabalho em uma penitenciária; 2 – no sonho da paciente andando nas ruas estreitas como corredores e querendo virar à esquerda (posição da sala de análise, mas fechada) e, então, subindo por escada e patamar, e a lembrança da infância, chegando por um corredor em sua casa, e o quarto dela, do lado do dos pais, agora fechado, pois fora ocupado pelo avô, e ela, então, subindo a escada para chegar ao seu quarto; 3 – a cor de vinho da escrivaninha com as duas gavetinhas-peito e a garrafa com palha de vinho Chianti-pênis. Constatamos como a linguagem visual desses sonhos é traduzida por linguagem verbal, buscando por meio desta uma comunicação da fantasia inconsciente.

Sara, um processo de construção de símbolos

Trata-se de uma moça de 30 anos, profissional, solteira, que me procurou há cerca de três anos para uma análise. No primeiro encontro, mostrou-se muito desejosa em se analisar e constatou, no final, que estava contente por ter conseguido combinar os horários e que "não esperava que desse certo tão rápido". Supus, em função desse primeiro encontro, que contava com grande disposição e colaboração dela. Era o meu primeiro caso de análise de adulto. Decorridas as primeiras sessões, constatei que me enganara! Que ela sentia um enorme medo daquele encontro que estávamos convencionando chamar de analítico a priori; e que, até que eu pudesse verificar que relação resultava do encontro entre nós duas, era necessário assim denominá-lo. Pelo menos contávamos com vários dados do senso comum que afirmavam que aquela relação seria analítica: a minha formação até aquela data, o reconhecimento do grupo científico ao qual pertencia, que eu poderia experimentar assumir a função de analisar e a aceitação da analisanda de me ver como tal. Percebi que o medo dela era consequente à minha presença, e, portanto, eu tinha tudo a ver com o medo de que ela sentia tanto quanto absolutamente nada a ver (transferência).

Penso que essa experiência de ter-me à disposição, com a segurança de que eu continuava ali, foi bastante importante para ela. Supus que ela me fazia "conhecida", ou fazia "conhecida" a minha tarefa e que, portanto, tinha seus motivos em sentir medo. Foi prosseguindo que pude perceber que ela preferia "fazer de conta" que estava vivendo uma situação "conhecida amedrontadora" a ter de abandonar essa "ideia" e viver lá comigo, o que quer que fosse resultar do encontro analítico.

Sessão 42

(Constato que, quando é possível o contato com algo dela, ela se emociona e gosta, mas, em seguida, esconde-se). No início desta sessão (ela sempre se deita), está contente e fala do fim de semana que foi bom, e que ficou contente em vir para cá e até achou a porta (sala de espera) aberta... que fica mais claro... Daí, conta que fulano a convidou para um almoço que será amanhã, no hospital, mas que ela não vai (cruza os braços e faz uma pausa). Eu observo e digo que esse gesto me parece ter algo muito relacionado a mim, mas... Ela pensa uns instantes e diz: "É pode ser, num certo sentido, sim, porque eu não vou ao almoço porque tenho a sessão... e também não quero desmarcar a menina que atendo".

Ofereço-lhe mais adiante a substituição de um horário que havia lhe pedido na semana anterior. Ela aceita, pois o horário lhe serve... Pausa. Em seguida, diz que pensava que estão todos de bom humor lá no hospital, "deve ser o meu estado!".

Eu lhe digo que ela acha que eu estou de bom humor, e daí lhe ofereci uma substituição de sessão. Então, eu a atendo quando estou de bom humor?

Ela diz "engraçado que isso (o estado de bom humor, ela estar contente por estar comigo e ser atendida) está relacionado a você. Quantas vezes saí daqui achando que não e, depois, vou percebendo no meio do caminho". Aqui, podemos acompanhar a experiência emocional dela por se sentir atendida, e, após uma pausa, associa que todos estariam de bom humor... Penso que, até o momento, ela não conseguiu transformar essa emoção em compreensão.

Meltzer esclarece, durante uma supervisão, que o que chamamos ter construído um símbolo, na verdade, é ter alcançado uma compreensão da experiência emocional presente durante uma interação...

Ela chega perto ao dizer "estar relacionado a você", porém, não deu o significado de que se sente satisfeita por ter sido compreendida em sua necessidade pela analista, mas acredita ter sido porque a analista estava de bom humor...

Da sessão 50

Atendo-a dez minutos mais tarde. Aviso-a dos horários que terei de modificar, e ela concorda.

Ela passa a falar que sentiu raiva, que hoje de manhã estava no hospital, e a irmã dela chamou pelo telefone porque a filha (da irmã) estava doente. Não a deixam sossegada. E também ficou com raiva porque essa irmã está grávida e falou que, quando der à luz, vai mandar o mais velho para a casa da mãe.

"Mas minha mãe não gosta dele. Minha mãe reclama que minha irmã faz muita roupa pro nenê que vai nascer. 'Pra quê? E se acontecer algo?', ela diz. É como se minha mãe esperasse que o filho que vai nascer vai morrer".

Faço a hipótese de que a paciente sentiu raiva durante a sessão, sentiu-se passada pra trás pela analista por ela acreditar que havia algo mais urgente, ou mais importante a ser atendido pela analista. Se assim for, a paciente "deu sentido" à sua raiva contando à analista que passara raiva de manhã etc.

Eu lhe digo que está sentindo esta raiva agora...

Ela fica em silêncio prolongado.

Daí diz, que pensava no que lhe disse e que tem raiva das trocas de horário que eu proponho, que enche ter de lembrar que mudou... e raiva da mãe dela, que fica criticando a irmã que fez muita roupa para o nenê. Bolas! "Ela pensa que vai morrer, mas minha irmã se prepara para que viva".

Sua raiva presente é que uma mudança de horário, um atraso são sentidos como desinteresse, rejeição..., mas ela não alcançou que o estava sentindo durante a sessão, e, sim, associou à raiva que sentira pela manhã.

Sessão 234

Ela vem afobada, uns minutos atrasada, entra sorridente (Eu fecho a sala de análise infantil e depois a nossa, que é bem em frente).

Deita-se e, pouco após, diz:

Ela – "Não sei por que, mas alguma coisa mexeu comigo. Tive a impressão de que você iria me dizer que não poderia me atender talvez nos próximos dias... Amanhã ou depois... Não que não fosse atender mais...". Pausa.

Eu digo que essa impressão ela a tirou de dentro dela. Que função teria de me perceber assim?

Nota: a minha proposta ao lhe dizer isso, embora não esteja explícito na minha formulação, era que pudéssemos nos ater à experiência para verificarmos como ela pensa; apesar de que, para ela, foi uma impressão que a perturbou, mas que ela pode estabelecer crítica, discriminando-a, portanto, podendo usar a realidade e ver que aquilo que a perturbou era uma "impressão", ou uma "fantasia". E que pode aceitar essa fantasia e não precisar transformá-la numa certeza, em uma realidade (em uma alucinação ou em uma transformação em alucinose?).

A partir do que lhe digo, ela passa a rever a experiência como que "procurando" justificar a impressão.

Então, ela diz que se lembrou agora de que, quando foi chegando, ouviu um choro de bebê e pensou que devia ser a minha bebê, pois é março, é por aí que é aniversário dela (1 ano). Pausa.

(Eu capto no tom de voz e em como ela vai fazendo essas associações, com emoção e interesse em estar se investigando).

Ela torna a dizer: "Gozado! E por um momento foi uma sensação de que você não poderia me atender".

A impressão ela formulou a partir do sensorial.

Eu lhe digo que não tenho nada em contrário em atender "esta criança" que você está me apresentando agora.

(Foi o modo como encontrei, lá, para expressar que ela estava podendo manifestar suas "impressões fantásticas", um pouco como

uma criança que não se envergonha, nem tem tanto medo de se mostrar com suas fantasias, que são vividas com realidades).

Ela escuta e diz que se lembrou agora também de que a porta da sala de crianças (o consultório de análise infantil) estava aberta e que ela pensou, quando chegou, que eu estava lá, terminando de arrumar essa sala para ir à sala onde atendo adultos, mas daí me viu sair da sala de adultos e então...

Eu – E, então, viu que estava pronta para atendê-la (porque ela estava uns minutos atrasada).

Ela – É. Quanta coisa eu disse até agora e achei que hoje não tinha nada para dizer aqui. (Pausa).

Ela se lembra agora – Quando entrei (novamente se refere ao impacto da chegada), a luz do consultório, sei lá por quê, talvez pelo contraste com a luz de fora, parecia amarela e deu-me uma sensação assim... de calor, como se tivesse uma lareira, não sei... não sei expressar muito bem.

Eu comento que essa sensação tem sido algo frequente e noto que ela tem certa dificuldade em referir essas sensações em palavras.

Trata-se da emoção presente nela por eu estar lá acolhendo-a o que ela captou nela mesmo como luz, calor e lareira; e que a dificuldade não seria propriamente dizer em palavras, descrever a experiência, mas parece ser a capacidade de transformar os dados sensoriais da experiência em impressões emocionais, e daí em elementos alfa, símbolos.

6. Conflito estético e formação de símbolos

O conceito de conflito estético foi formulado pela primeira vez por Meltzer (1986a, 1986b) em *Studies in Extended Metapsychology: Clinical Applications of Bion's Ideas*. Nessa obra, Meltzer escreve que o material psicanalítico e a observação de bebês demonstram, como os poetas, que o conflito estético em presença do objeto antecede os conflitos de separação, de privação, de frustração, aos quais tanta atenção tem sido dada.

Ter escutado por anos os seminários de observação de Martha Harris deixou em Meltzer uma profunda impressão do quanto é inadequado o modelo psicanalítico para descrever as complexidades e os matizes de cada relação inicial.

É o objeto presente, e não o objeto ausente, que desperta o conflito, e a mente infantil deve encontrar alguns meios para fazer sua "digestão". É a chave para ver o desenvolvimento normal como mais complexo do que a patologia. A nova ideia, em qualquer fase da vida, é sempre um reexperimentar a beleza do mundo, que, para o bebê, aparece em primeiro lugar em sua mãe, seu objeto estético, e é correspondido por ela (a reciprocidade).

A primeira experiência de beatificação, que Meltzer chama "deslumbramento do amanhecer", precede o recuo esquizoparanoide do conflito estético e, embora seja de curta duração e possa ser "esquecido", nunca é apagado da mente humana.

Após o impacto inicial da beleza externa da mãe, é o desejo de conhecer as qualidades interiores dela que desperta o instinto epistemofílico e que dá início ao conflito.

O vínculo K (*K link*) (o desejo de conhecer) – diz Meltzer, usando a terminologia de Bion – "resgata essa relação do impasse"; é a reciprocidade estética que emana da mãe – inicialmente a mãe externa –, mas realmente é a mãe interna que fornece o recipiente mental para o engajamento do bebê na exploração do mundo.

O embate interno, no início, depende não do prazer *versus* dor, ou até mesmo da inveja *versus* gratidão, mas da emoção (estimulada pela beleza) *versus* antiemoção (o recuo diante da beleza).

Então, o conflito estético contém ou comporta a visão do crescimento mental como uma função estética fundada na reciprocidade interna a partir da resposta do bebê à mãe-enquanto-mundo, que é o protótipo de todas as explorações mentais sucessivas.

É a experiência complexa da beleza do mundo, junto com o desejo de conhecê-la, que coloca em movimento a atividade humana de formação simbólica, uma função do nível estético da mente (Meltzer, 1988, p. 230). A divindade é inicialmente o seio, como objeto combinado, uma descoberta de Klein. O "objeto combinado", pais internos em conjunção, foi descoberto por Klein em seu trabalho com crianças. Esse objeto é fonte de confiança e de desconfiança, pois o impacto sensorial da beleza é seguido da ambiguidade do interior desconhecido e incognoscível da mãe. Em consequência, agora nascem as emoções amor e ódio, e as flutuações de tolerância fazem oscilar incessantemente o movimento do funcionamento PS-D. A estabilidade do funcionamento depressivo depende de ser capaz de tolerar a inveja e a destrutividade.

Um exemplo trazido da observação mãe-bebê nos ajuda a acompanhar a complexidade e os matizes que se passam na intimidade dessa relação desde o início, uma relação mãe-bebê que mostra, em sua evolução, a importância da reciprocidade para superar o conflito estético do bebê diante de várias experiências sem *o reverie* da mãe.

José é fruto do relacionamento da mãe (40 anos) com o namorado. As visitas de observação se iniciaram na casa do pai de José. Os filhos (19 e 16 anos) do primeiro casamento da mãe continuaram morando na casa da avó materna, onde a mãe morava antes do nascimento de José. A mãe ficou surpresa com a gravidez e preocupada com o bebê, devido à sua idade, e também por não existir uma definição no relacionamento dela com o pai do bebê. Ela aceitou a observadora, cujo marido é conhecido do pai de José.

A mãe mostra-se disponível, embora esteja desorganizada em sua rotina, em parte pela indefinição quanto a como se constituirá a nova família. Sem dúvida, ela está com a carga maior de prover e conseguir certa harmonia entre todos os membros desse agrupamento. Mostra-se afetiva com o bebê, mas está atenta também ao namorado e aos outros filhos, tentando dar conta de todos os vínculos, que estão sofrendo certa turbulência. Por isso, acreditamos que aquela dedicação "quase exclusiva" que a mãe costuma oferecer ao bebê nos primeiros meses não está presente nessa relação, fato que, no início, frustra a expectativa da observadora.

Vejamos algumas cenas recortadas das primeiras observações de José:

Na 1ª semana, como nas seguintes, a observadora descreve a cena de amamentação em que o bebê suga tranquilamente o peito direito, apoiando sua mão direita sobre o peito da mãe e a mão esquerda ao lado do corpo dela, até adormecer no colo; a mãe aguarda e, quando o bebê resmunga, ela troca de peito, que o bebê suga firme e tranquilo. Após dez minutos, adormece.[1]

Na 4ª semana, a observadora presencia a mamada, e, a um certo momento, a mãe mostra como o bebê segura firme o mamilo, pois ela tenta tirá-lo, e o bebê não o larga. Diz que ele aumentou 1 quilo e 90 gramas só com o seu leite, contrariamente ao que ela pensara, que era um leite fraco, tendo chegado a tentar complementá-lo com a mamadeira, que José não aceitou.

Nesta descrição, aparece uma relação harmônica com o peito, um bebê com força de vida e um vínculo forte boca-peito. No entanto, as condições externas e internas da mãe não permitem que ela continue mantendo o bebê ao peito, e ela *inicia, na 7ª semana, uma substituição sistemática de algumas mamadas pela mamadeira.*

Com 15 semanas (4 meses e 1 semana), José mostra-se comunicativo, sorri quando a mãe lhe fala e, no trocador, não desgruda os olhos dela, agita-se e faz movimentos de aproximar as mãos à boca. Quando a observadora se dirige a ele falando-lhe, o bebê olha, sorrindo, e, em seguida, volta os olhos para a mãe. Ao terminar, a mãe o coloca na cama dos pais e retira-se avisando à observadora que vai lavar fraldas.

Agora, o bebê agita braços e pernas, solta gritinhos e tenta aproximar a mão direita da boca. A observadora lhe fala; o bebê lhe dirige o olhar, mas não sorri, como quando a mãe estava presente.

---

1 Agradeço à Cristina de Souza pelo material de observação.

O bebê continua agitando braços e pernas e, ao debater-se com os braços, parece querer segurar o travesseiro, e o lençol sai de cima dele, mas volta em seguida.

Em um determinado momento, vira o rosto para a parede; diminuem os movimentos dos braços e pernas, e ele parece fixar os olhos no espaldar da cama, que é bem alto, em forma de meia-lua. Vira, então, o rosto para o outro lado, faz cara de choro e grita. A observadora tenta acalmar o bebê, sem conseguir, e ele, agora, fixa-se na luz da TV, ligada com som baixo. Após alguns minutos, volta a se agitar, olha para o teto, aquieta-se, boceja, passa as mãos no rosto como se quisesse dormir. Volta a abrir os olhos e olha para a parede. Começa a movimentar as mãos como se quisesse dormir. Começa a movimentar as mãos como se quisesse encaixá-las uma na outra e, às vezes, coloca-as na boca. Lentamente, vai se acalmando, e adormece.

A descrição do relato faz pensar em um bebê que, ante a ameaça de aniquilamento trazida pela ausência do objeto concreto mãe e presença da observadora, busca recriar um objeto com qualidades sensoriais que se aproximem do objeto materno (balanceios do corpo, mão na boca), presentificando-o. Necessita, porém, excluir de seu campo sensorial a presença visual e sonora da observadora. O processo simbólico está presente, e o bebê serve-se dessas formas sensoriais precursoras do que será o que chamamos símbolo, em psicanálise.

Aos 4 meses e 24 dias, enquanto a mãe troca a fralda, José manuseia a fralda limpa que a mãe lhe estendeu ao sair para buscar água e algodão. A troca é fácil, pois José fica quieto enquanto a mãe conversa com ele. A mãe entrega-lhe, então, um mordedor e sai dizendo que vai preparar a mamadeira.

Ao voltar, toma o bebê no colo, oferece a mamadeira, e ele suga vigorosamente, até fechar os olhos.

É nítido o diálogo entre mãe e o bebê, e ela, ao se ausentar, deixa um "entretenimento", que ele aceita enquanto a espera, seguro de sua volta.

Considerando todos os afazeres da mãe, que tenta distribuir um pouco entre os participantes, sua função materna parece satisfatória, e o bebê, adaptando-se "às falhas" da mãe, consegue esperá-la, revelando, em nosso entender, uma capacidade de aguardar e o que poderíamos pensar ser a expressão da capacidade negativa descrita por Keats (apud Bion,1962), necessária para a formação simbólica por ter estabelecido um vínculo seguro com a mãe, o que possibilitou a introjeção de um continente.

A cena observada quando José contava com 5 meses e 7 dias é um exemplo da especificidade desse vínculo, determinado fortemente pelo bebê, que luta para ter a mãe nos momentos mais significativos.

O queixo do José começa a tremer. A priminha reclama com a avó e diz que ele está tremendo de frio. Agora, começam a vesti-lo, rapidamente, devido ao "frio", mas não acham logo as meias e ficam todos muito atrapalhados (avó e prima). O bebê chora.

A mãe traz a mamadeira e pergunta à avó se a temperatura está boa. A avó acha que está muito quente. A mãe vai esfriar a mamadeira, enquanto o bebê continua chorando, e, ao voltar, a mãe toma José no colo e oferece a mamadeira, que ele logo agarra e suga. Dá-se uma interrupção por um telefonema do irmão do bebê (16 anos), que precisa urgentemente falar com a mãe. Ela entrega o bebê para a prima, e este já começa a chorar e não aceita a mamadeira oferecida, embora a prima insista algumas vezes.

A mãe volta, toma o bebê no colo e oferece-lhe a mamadeira, que ele aceita prontamente, esvaziando-a e segurando-a com as duas mãos e, por vezes, movimentando com suas mãos os dedos da mãe.

Na visita em que José está com 5 meses e 27 dias, a observadora encontra-o no andador, esticando os braços, parecendo querer sair. A mãe se aproxima dele, e José, muito sorridente, estica novamente os braços, em um gesto de querer ser tirado de lá. Toca o telefone, e a mãe sai para atender, e o bebê acompanha-a com os olhos e segue fixando-se na mãe enquanto ela está no telefone. Após um tempo, passa a se entreter com os desenhos que decoram o andador, tentando pegá-los com a boca. Tenta também alcançar com as mãos as rodas do carrinho. A mãe volta, fala com José por alguns minutos e sai para buscar café e biscoitos. Volta e oferece um biscoito ao bebê enquanto conversa com a observadora. A um certo momento, a mãe percebe que o bebê está cansado, com cara quase de choro, passando as mãos nos olhos, e decide tirá-lo do andador. Abraça-o bastante, mantendo-o no colo e, enquanto a mãe conversa, o bebê sacode as perninhas e ri quando ela brinca com ele.

É de se notar como José lida com a frustração de ser interrompido em seu gesto de ir ao encontro da mãe. Segue-a com os olhos até onde pode, seguro de que não a perdeu, mas tem de esperá-la – um padrão dessa relação mãe-bebê. Entretém-se, então, em agarrar desenhos com a boca ou rodinhas com as mãos. José recebe a mãe sem ressentimento, ouve sua fala e está seguro de que ela irá e voltará em seguida. Quando a mãe o recebe em seu colo e fala com ele, José muda: a atenção específica lhe dá nova energia, e José se movimenta e ri. Aqui, fica evidente a capacidade negativa (Keats) de esperar pelo bom objeto que não se transformou em mau e mantém-no dentro dele; portanto, a imaginação é usada, por assim dizer, para esperar sua vinda... Há um conflito, mas o bebê mantém o objeto bom dentro! A resposta da mãe é reassegurada.

Aos 6 meses e 19 dias do bebê, a mãe está ausente, sendo substituída pela avó materna. Ele mostra-se frustrado, resmunga, não aceita alimentação, não suga a mamadeira que a avó materna oferece e mantém o bico na boca. Ela lembra que existe uma determinada posição, praticamente sentado no colo, em que ele aceita sugar a mamadeira. Quando a avó se senta, o bico sai da boca, e o bebê não o aceita novamente.

Esta cena mostra mais uma vez a condição simbólica desse bebê, que busca elementos comuns (a posição do corpo, a mão dele na mão da avó etc.) para substituir a presença da mãe pela presença da avó e, por um momento ilusório, estar com o peito e a mãe – com quem tem um vínculo eletivo – para aceitar o alimento. O momento ilusório é importante, segundo Marion Milner (1972), para a passagem do objeto primário para o objeto substituto. Em que condições isso é possível? No caso do bebê, que está iniciando seu processo simbólico, alguma qualidade sensorial (uma forma) do objeto primário deve estar presente no objeto substituto. Embora aqui predomine o elemento sensorial, estamos no caminho da equação simbólica (Segal, 1982), em que a fantasia é o elemento de fusão do objeto original com o objeto substituto.

Na observação seguinte (o bebê com 6 meses e 26 dias), a avó traz a mamadeira, entregando-a à priminha, e esta oferece-a ao bebê enquanto ele está no andador, e este a recusa. A avó sugere que ela tome o bebê no colo, com o que ela prontamente concorda e oferece a mamadeira novamente a José, mas este a recusa. A avó faz nova tentativa, o bebê de novo recusa, levando a avó a desistir e colocá-lo novamente no andador. Passado um tempo, a prima retira José do andador e tenta mais uma vez dar-lhe a mamadeira. O bebê continua recusando, e esta, acreditando que o leite esteja muito grosso (foi engrossado com frutas), coloca o conteúdo no prato, oferecendo colheradas desse mingau, mas o bebê não aceita.

A mãe chega, e José, ao vê-la, agita e estende os braços com muita satisfação, enquanto ela se dirige e fala com os presentes e não liga para o bebê. A prima e a irmã (19 anos) reclamam que a mãe não deu atenção ao bebê, e esta confirma, irritada: "Não dei mesmo". José começa a resmungar e protestar. A irmã sugere que a mãe pegue o bebê, e ela, enquanto responde que está atrasada para ver o irmão de José, segura-o no colo, oferecendo-lhe o mingau na colher. Ele aceita algumas colheradas, mas, em seguida, recusa. A mãe insiste, forçando as colheradas na boca do bebê. A irmã e a prima protestam, e a avó olha com reprovação.

A mãe desiste de alimentar o bebê, reafirma que precisa sair e, comentando que ele deve estar com sede, despede-se.

A prima oferece água ao bebê, que de início recusa; e, após acomodá-lo de frente para ela, ele vai sugando a garrafa de água até os olhinhos se fecharem.

Este episódio atesta mais uma vez a eletividade do vínculo do bebê, que só aceita o alimento da mãe, parecendo ser esta a maneira de mantê-la ligada a ele, embora existam tantas impossibilidades dela que interferem na relação com José. Diante da recusa da mãe, o bebê, frustrado, retira-se, adormecendo.

Agora aos 9 meses e 4 dias, o tio paterno chega, e José animadamente se dirige a ele (de andador), estendendo-lhe as mãos. O tio prontamente levanta-o e o acomoda-o no colo, enquanto conversa com a mãe. O tio passa por um armário cuja porta está aberta, e o bebê alcança uma tampa de vasilha e segura-a na mão. Pouco depois o tio coloca-o no andador e volta para a sala. José segue-o até a sala balbuciando "ma-ma-ma". Ao chegar à sala, o tio fica alguns segundos e despede-se. José acompanha-o com o olhar e coloca a tampa em sua boca.

Os irmãos distraem o bebê, mas este, em seguida, dirige-se para cozinha com a tampa na boca, procurando a mãe, e encontra a avó. Interessa-se, então, por outros objetos do ambiente.

É interessante constatar a organização ambiental aparentemente pouco favorável para o bebê e que origina nele um grande número de episódios de frustração e ver como ele tenta solucionar o impasse, ampliando seus interesses e entretendo-se com coisas enquanto aguarda a atenção da mãe. Esse deslocar sua atenção e interesse indica, a nosso ver, sua capacidade simbólica.

José, aos 10 meses e 4 dias – observa-se a cena seguinte

A mãe coloca-o de pé, ao lado da poltrona, que ele fica rodeando, e oferece-lhe uma caixa de fitas vazia, que o bebê pega; ela diz que precisa tirar uma roupa de molho, "se não vai manchar", pede à observadora para olhar José e sai rapidamente. A observadora fica observando José, que, de repente, olha para ela parecendo se dar conta de que está sozinho, chora um pouco, mas logo retoma a caixa com que estava entretido, chupando-a vigorosamente, já sentado. A observadora fica surpresa: é a primeira vez que o vê chupar algo assim por tanto tempo.

José continua com a caixa, chupando-a, ora de um lado, ora pela junção de seus dois lados. Levanta-se ao lado da poltrona e de pé, apoiado nela, tenta segurar a caixa e consegue. Fica alguns minutos de pé, depois se senta, larga a caixa e, engatinhando, encaminha-se para a porta que leva à cozinha. A mãe chega nesse exato instante e pega-o no colo, antes perguntando à observadora como ele ficou. Responde-lhe que ele ficou tranquilo, só tendo um leve choramingo. A observadora se senta no chão ao lado dele, de costas para o bebê, e este estende os braços, como se quisesse abraçá-la, dando gritinhos de satisfação, segurando-lhe os cabelos, e depois o braço direito, apertando-o com os dedos.

A mãe dá risadas "derretidas" com o filho. Vira-se para ele e põe-no nos braços, desta vez ficando de pé, abraçando-o e beijando-o. José, com o dedo indicador, vai tocando o rosto da mãe, a qual grita com entusiasmo: "Oh, meu bebê!".

A sucção intensa da caixa após a saída da mãe e na presença da observadora nos faz pensar no recurso desse bebê de usar a caixa como substituta da mãe, e ele está com a "mãe na boca" (e não com a observadora), e, quando ela volta, parece que ele busca alguma equivalência de formas entre a caixa que estava sugando e o toque de seu dedo no rosto da mãe.

José realmente tem capacidade de formar forte vínculo afetivo com a mãe, o que, por sua vez, promove nela uma reciprocidade e um deslumbramento observado em várias cenas, como a descrita acima. A capacidade de José de tolerar frustração e de criá-la em sua ausência nos parece ser reforçada pelo olhar da mãe e seu deslumbramento por descobrir a beleza de José, com sua garra de vida e sua capacidade de lidar com a mãe, esperá-la, afirmando ser ela seu objeto estético. A reciprocidade estética desse par é a força que leva adiante o desenvolvimento simbólico de José, apesar de algumas condições ambientais adversas a esse bebê.

Agora, um caso clínico em que o conflito estético não superado levou a uma patologia que fez pensar na fenomenologia do *claustrum*.

Lembrando as atormentadoras incertezas, descritas por Meltzer em seu livro *The Claustrum* (1992b), que o bebê sente acerca das qualidades internas do objeto estético (a mãe), chegamos a detectar em casos como o de Miro patologias consequentes à não superação do conflito estético.

Miro é o segundo filho de um casal que atravessava dificuldades na vigência de seu nascimento pela falência da firma do pai. Tiveram de morar na casa da avó materna e, em seguida, da avó paterna, situação em que a mãe se sentiu muito humilhada. Para não criar conflitos com a sogra, embalava o bebê no colo até adormecê-lo, iniciou treinamento esfincteriano aos 8 meses e dava-lhe comida na boca até os 3 anos de idade.

Nesta entrevista (quando Miro contava com 15 anos,) ela disse sentir-se culpada por não ter cuidado dele com carinho (palavras dela).

Imaginei um bebê que fora muito tolhido em suas manifestações, com a mãe impondo uma relação coercitiva, e realmente não pareceu ter existido reciprocidade entre os dois.

Nessas condições, conjecturamos que a visão da beleza da mãe externa e a impossibilidade de conhecer seu interior pela imaginação levaram o bebê-Miro a buscar tal conhecimento pela fantasia de identificação projetiva intrusiva no objeto interna-compartimentos da mãe-interna.

Miro se apresentou às sessões tendo rituais, pensamentos de morte da mãe e dificuldades de estudar. Contou que a ideia obsessiva da morte da mãe surge com qualquer estímulo, e os rituais são gestos e mímicas faciais que servem para transformar a morte da mãe na morte da avó, e a morte desta na morte dele, e assim pode parar os rituais.

Ele foi trazendo lembranças de quando era menor, e a mãe (palavras dele) era muito supersticiosa e influenciou-o muito. Ainda pequeno, ele achava ser o "centro de tudo", que o mundo e as pessoas existiam porque ele existia, e que o que ele pensasse se realizaria, como um deus. Pensava também ser de outro planeta e que tinha vindo à Terra para salvar as pessoas, e podia controlar a vida e a morte. Nessa época, tinha rituais de poder. Depois, apareceram pensamentos de que ele não tinha valor nenhum, e pensou em se matar. Em torno dos 9 anos, iniciaram os rituais para controlar e impedir acidentes, mas eles logo passaram, para voltar com força aos 13 anos.

A passagem pelo *claustrum* é um fenômeno evolutivo que, na saúde, vai sendo abandonado entre o segundo e o terceiro anos de vida. A permanência no *claustrum* impossibilita o crescimento da mente simbólica, pois esta cresce pela elaboração de experiências emocionais. Se o sujeito não enfrenta as relações reais, permanece com suas fantasias onipotentes, não confronta suas fantasias na realidade. Donald Meltzer descreveu essa fenomenologia mostrando que a incapacidade para enfrentar as emoções e as ansiedades persecutórias e paranoides leva o indivíduo a esconder-se no objeto interno e, como consequência, a parte da personalidade enclausurada não tem experiências emocionais e não pode gerar símbolos.

Aos poucos, com o processo analítico em andamento (quatro sessões por semana), a diminuição das ansiedades paranoides e a oferta de um continente que acolhe as suas identificações projetivas e busca compreendê-las, Miro passa a mostrar-se receptivo, ouvindo-me e olhando-me embevecido, abraçado a uma almofada do divã onde se senta, fazendo movimentos rítmicos de embalo, como se estivesse sendo ninado pela minha voz. Penso que o contato reassegurador para ele se dá em nível sensorial, e várias vezes ele me informa de que nem entendeu o que lhe disse.

A possibilidade de experimentar emoções dentro da relação analítica permite-lhe ir discriminando fantasia de realidade, e nesses momentos ele sai do *claustrum* e enfrenta a experiência emocional de estar comigo. Estaria Miro vivendo momentos de impacto sensorial diante da beleza que foi se configurando pela relação com a analista?

Em sessões posteriores, apareceu a ambivalência, a desconfiança paranoide acerca do interior da mente da analista, que, para ele, é desconhecida, e ele sente-se sem meios de conhecê-lo.

Em uma sessão após um fim de semana, ele está fazendo os rituais continuamente, os gestos, os tiques, e é realmente angustiante vê-lo assim, e começa a contar o que eu vou resumir no seguinte: que um colega da escola, do qual ele não gosta, bateu na cabeça dele, e ele ficou pensando que, desse modo, o colega tirou "tudo de bom dele" (que talvez fosse a inteligência). Quando lhe mostro que o vejo ameaçado de estar aqui comigo, ele diz: "Estou tendo a sensação de estar ficando vazio... Que, à medida que vou falando, falando, vai saindo tudo de bom de mim... Que há momentos em que eu penso que a análise é uma farsa... Todos estão contra mim... Para obrigar-me a falar... E tirar o bom de mim... minhas qualidades...".

Essa sensação de perda ao ser olhado ou tocado, que ele desfaz onipotentemente olhando de volta ou tocando de volta para recuperar as qualidades "roubadas", mostra a fantasia onipotente em sua maior "crueza"; consequência de, ao estar retido no claustrum, *não ter podido confrontar suas fantasias por meio de uma interação e, então, elaborá-las.*

Em uma sessão do segundo ano de análise, ele ficou inicialmente dez minutos em silêncio, olhando-me de vez em quando e, em seguida, diz-me que é difícil falar... "Senti aquele negócio de olhar e perder alguma coisa, como dizia ontem. Como se fosse uma massa que estou carregando, e vou batendo aqui e ali, e vai grudando, e, então, preciso voltar para 'recolher'..." (referia-se à sensação ao andar no corredor até chegar à sala de análise, momento em que anda como um automato e movimenta a boca, parecendo fazer os rituais).

Eu lhe digo que o encontro comigo mostra-lhe que ele é separado de mim, e essa percepção o ameaça de perder a ideia de que eu estou sempre junto dele... (na verdade, queria dizer que o seio lhe pertence).

Um outro fragmento de sessão para mostrar suas ansiedades paranoides ao sentir-se exposto e sem recursos diante de uma relação:

Ele parece angustiado e fica em silêncio por alguns minutos. Digo-lhe que o vejo em dificuldade em estar comigo.

Ele diz que está "estranhando"...

Digo que talvez seja uma alusão ao intervalo mais longo sem análise (uma semana dos feriados da Páscoa).

Ele diz que sim, mas que, apesar disso, não tinha interesse em vir e até imaginou uma justificativa de ter de estudar para não vir à sessão.

Digo que talvez ele tenha me culpado pelo longo intervalo...

Ele faz um aceno com a cabeça, concordando, bastante sério, como se estivesse "mergulhando" em alguma emoção. Daí, diz-me que estava se sentindo em xeque, como no xadrez, como se eu ameaçasse seu rei, e agora estava pensando em como se defender de mim com alguma jogada. Enquanto ele fala, faz trejeitos com a boca, como estivesse mastigando algo, e aponto-lhe que observei.

Ele diz que estava fazendo os rituais.

Eu lhe digo que ele se sente ameaçado em estar comigo, e desligou-se para se defender com os pensamentos e rituais.

Ele ouve e fica em silêncio. Após alguns minutos, diz que tinha imaginado uma historinha: "A senhora como analista da Idade

Média, e eu um troglodita ou um viking*... a senhora me acorrentando para me controlar, para eu ir me adaptando à vida em sociedade...". Interessante ver que a compreensão que lhe dei de que estaria sentindo (me culpando...) provocou nele um estado de estar sem saída, em xeque-mate.*

Ele mostra que o contato com a realidade de um relacionamento desperta emoções nele, que ele equaciona como ameaça de morte, como esvaziamento, como diluição, como perder a massa, e defende-se dessas ameaças com os rituais. Desse modo, experiências de confronto da fantasia com a realidade não são possíveis, porque a fantasia está em um grau de onipotência que não pode ser experimentada e é sentida como catastrófica.

Outro exemplo de não superação do conflito estético por situações traumáticas ocorridas durante os primeiros anos de vida:

Trata-se de uma experiência analítica com Marie, uma moça de 32 anos, que me procurou dizendo sofrer há doze anos de síndrome do pânico, que consiste em não sair de casa, a não ser para percursos curtos, somente de carro e com familiares. Tem preocupações obsessivas de ter doenças incuráveis – câncer, aids – e está constantemente ameaçada de morte. Suas defesas são o enclausuramento e alguns rituais...

Conta na primeira entrevista um episódio de sua primeira infância. Tinha 2 anos e 8 meses quando os pais, em bolsa de estudo na Europa, deixaram ela e a irmã de 1 ano e meio, por 15 dias, em um colégio de freiras na Suíça, onde só se falava francês. Acha que esse acontecimento foi muito traumático para ela. Conclui a entrevista dizendo que a análise é seu último recurso, embora tenha dúvidas de sua eficácia. Esteve em uma psicoterapia de apoio uma vez por semana, por oito anos. Marie descreve seus estados de pânico e suas preocupações obsessivas. Mostra grande capacidade verbal. Ela sabe tudo a respeito dela mesma, mas não pode mudar nada. Fui percebendo que o que parecia uma atitude de colaboração era, na verdade, um jeito de Marie manter distância, lidando comigo como uma "entidade médica" que poderia "curá-la" se me informasse muito bem o que se passava com ela. Faltava, a meu ver, uma relação de intimidade.

Meltzer descreve em seu livro *The Claustrum* que, a um certo momento do processo de análise, a transferência infantil surge e manifesta-se na vigência das separações, o que significa que a criança "saiu do *claustrum*" e pode contatar-se com o analista, embora, ao deparar-se com sofrimentos, "volta correndo" para dentro do objeto.

Esse movimento ocorreu com nitidez aos dezoito meses da análise, quando se mostra mais receptiva, não ataca com veemência o que lhe digo e diminui a descrença no processo de análise. *Recebo telefonema dela no dia seguinte (sexta-feira) do término da semana analítica (segunda a quinta), pedindo uma sessão extra, pois passou a noite em claro, vomitando, e está com pânico e medo de morrer. Atendo-a, e ela sai tranquilizada. Na sessão seguinte (segunda-feira), ela me ataca por eu não dar o telefone de minha casa para não ser incomodada no final de semana, não me importando com ela. Na terça-feira, informa que se sente melhor, mais calma, e que ela foi ler um diário que fez desde os 13 anos e constatou que há muito tempo tinha medos e fobias. Assim, pudemos conversar, tentando alguma compreensão sobre as crises de pânico, conectá-las com o pânico diante das emoções suscitadas pelo relacionamento, quando percebe sentir-se ligada e dependente de alguém que não está presente o tempo todo, como ocorre com o relacionamento analítico.*

O narrado por Marie acerca do acontecimento traumático nos faz cogitar que essa criança viveu em identificação projetiva intrusiva no objeto materno, constituindo-se, ao longo de seu desenvolvimento, uma patologia claustrofóbica, dificultando enormemente sua condição de ter e elaborar experiências emocionais e, então, da formação de símbolos autônomos. Fechar-se pelo enorme medo diante das emoções e recuando destas... Durante a análise, foram vários os momentos de saída do *claustrum* e retorno a este na ausência da analista, até chegarmos a uma sessão de 7 de dezembro, em que ela reconhece, chorando, que não sabe se tem medo de morrer ou de viver.

A superação do conflito estético depende da capacidade negativa defendida por Keats (apud Bion, 1962), pois é necessária a capacidade de tolerar a turbulência emocional de não saber e aceitar soluções falsas, prematuras. É preciso esperar que apareçam alguns elementos que, usando a imaginação, levem a algum conhecimento.

Não saber o que vai na mente do outro e ter de imaginar com os elementos disponíveis necessita contar com uma base segura, estar seguro quanto ao seu bom objeto internalizado. Intolerâncias baixas à frustração ou instabilidade na internalização do bom objeto dificultam a superação do conflito estético, pois as antiemoções (–L, –H, –K) predominam, e a transformação das experiências emocionais em elementos simbólicos é pobre, dificultando o crescimento da mente simbólica e da criatividade.

O conflito estético enunciado por Meltzer parece acrescentar um aspecto, por assim dizer, à visão epistemológica da relação mãe-bebê, proposta por Bion, que abre o início da mente simbólica do bebê. Nessa relação, ocorre o impacto da beleza da mãe, disponível para o bebê no início apenas sensorialmente, pois este carece, no começo, de meios para compreender o que se passa no interior da mãe, embora ele possa registrar as mudanças de comportamento dela. Pudemos acompanhar isso nas observações do bebê José. O instinto epistemofílico do bebê o conduz ao conhecimento, e este precisa ter confiança de que essa beleza corresponda também ao seu interior, a outros aspectos que vêm da mãe, e parece que é isso o que Meltzer fala de "conhecer por imaginação".

E essa confiança se reafirma quando há reciprocidade na relação mãe-bebê.

Esse seria o nível estético da mente, para que possamos nos manter diante da experiência emocional e não recuar, e, então, levar adiante a elaboração da experiência emocional rumo à formação simbólica.

7. Formação de símbolos na criação artística: conjecturas de uma psicanalista

No passado, a criatividade, admirada, mas, também, provocadora de espanto, já foi atribuída à loucura, ao destino, ao acaso, à providência divina. Durante séculos, achou-se que o homem, sendo um animal racional, pensava segundo as leis da lógica; que poderia apenas descobrir, mas não criar.

Com *A interpretação dos sonhos* (1900), Sigmund Freud descreve alguns mecanismos pelos quais o sonho acontece, e abre caminho para investigar a criatividade. Com a descoberta do inconsciente, a criatividade passou a ser vista como uma função da mente, e a obra do "gênio", como um "grau diferente" daquilo que dormia ou germinava na mente do homem comum, uma capacidade que potencialmente todas as mentes podem ter.

A criação artística foi compreendida pelas psicanalistas Melanie Klein (1996 [1929]) e Hanna Segal (1982 [1957]) como a maneira mais satisfatória de aliviar o remorso e o desespero e reparar os objetos internos destruídos, *recriando* um mundo interno harmônico, que seria projetado na obra de arte.

Marion Milner (1952) reconheceu esse significado da atividade artística, mas considerou que a recriação é secundária, sendo a função primária da atividade artística a de criar objetos, criar (fazer) o objeto que nunca existiu, usando uma nova capacidade de simbolizar.

Ao avançar na compreensão dos fenômenos ligados à simbolização, aos processos oníricos e ao pensar, a psicanálise passou a estudar a transformação da experiência emocional em representações simbólicas, alinhando-se em tal estudo com a arte, a filosofia e a literatura.

Wilfred Bion (1962) estudou essa "passagem misteriosa", que vai da experiência sensorial e emocional à sua representação em imagens oníricas, e formulou a teoria da função alfa ("Uma teoria sobre o pensar"), segundo a qual a passagem ocorre desta forma: o sujeito, ao ter uma experiência sensorial e emocional, precisa dar-lhe significado e representação simbólica; com isso, sua mente se torna capaz de ter novos pensamentos e de crescer em capacidade de pensar. Para que esse processo aconteça, o sujeito depende de objetos internos que o ajudem nessa função de significar e representar. No início da vida, é a mãe quem exerce essa função (a mãe como um objeto não apenas de cuidados e nutrição, mas como objeto pensante). A criatura vai internalizando esse "objeto" como um modelo de pensar e a ele recorre sempre que necessário e a cada nova experiência emocional. Assim, são gerados novos pensamentos e novas "unidades simbólicas".

Para a psicanálise atual, que serve de referência para nosso estudo, toda função criadora considerada artística ou científica depende da criatividade dos objetos do mundo interno do indivíduo e das relações entre o *self* e seus objetos internos (ou "divindades"). A mente é entendida como espaços nos quais as experiências emocionais ocorrem continuamente e necessitam do reconhecimento em nível simbólico para que possam ser pensadas. Os elementos precursores simbólicos, originados pelas transformações nesses espaços do mundo interno do indivíduo, são imagens principalmente visuais e auditivas. Para serem comunicadas, precisam ser representadas, e é desse processo que surgem os símbolos.

Nessa perspectiva, o poema surge de uma simbolização nesses espaços, e o poeta pode estar avançando na descoberta da própria mente a cada criação poética.

Há um processo de produção contínuo inconsciente que não é interrompido pelas experiências diárias conscientes, chamado de processo onírico. De dia, manifesta-se por meio de *flashes*, imagens visuais inexplicáveis, repentinas, não relacionadas aparentemente com a conversação ou a situação do momento. São "pensamentos incipientes", que denotam uma atividade de pensar, com a finalidade de alcançar um significado da experiência emocional em curso. A vida onírica é uma atividade pensante que busca dar sentido ao que vivemos, desde que sejam oferecidas algumas condições. É o lugar onde nos recolhemos para darmos toda a atenção ao mundo interno, às nossas relações íntimas, e é onde as experiências emocionais são compreendidas, e os significados alcançados são representados nos sonhos noturnos, nas verbalizações, na música, na pintura e na poesia. Em geral, somos incapazes de compreender o significado dessa linguagem. Além disso, a transformação do pensamento nascente em qualquer linguagem sofre várias distorções. Temos de levar em conta também a eterna limitação da linguagem verbal pela representação nela implicada, aquela à qual Ludwig Wittgenstein pode estar se referindo quando diz: "o que não se pode falar, deve-se calar" (*Tractatus Logico-Philosophicus*, 1968), possível alusão à necessidade da imagem, da cena, da vivência, da linguagem pré-verbal para comunicar o todo da experiência.

Que diferença haveria entre os símbolos construídos durante uma sessão de análise e os símbolos do artista?

Parece que a necessidade é a mesma: formular a experiência emocional para que se torne imaginável. Os símbolos, durante uma sessão de análise, emergem do trabalho conjunto analista-analisando, para compreender, ou seja, simbolizar algo da realidade psíquica do paciente.

Os símbolos do artista viriam de sua capacidade intuitiva em reconhecer formas simbólicas de emoções que possam representá-las?

Vou tomar o exemplo do poeta Eugenio Montale (1896-1981), por nós estudado durante o doutorado em Língua e Literatura Italiana pela Universidade de São Paulo (2004), e acompanhar, por meio de seus poemas e biografia, como ele representa o seu sentir, como lida com o conhecer, enfim, como compreende suas relações e o mundo em que vive.

Em sua primeira coletânea, "Ossi di Seppia", ele transmite ao leitor sentir-se impedido de conhecer, sentir-se aprisionado por muros e redes que não o deixam alcançar "verdades", e expressa esse seu estado de mente de enclausuramento em vários poemas. No poema "In Limine", destacamos: "*Procura um ponto solto no arrastão/ que nos aperta, tu pula fora, foge! / Vá, por ti o implorei, agora a sede/ ser-me-á mais leve, menos acre a ferrugem*".

In Limine
Godi se il vento ch'entra nel pomario
vi rimena l'ondata della vita:
qui dove affonda un morto
viluppo di memorie,

orto non era, ma reliquario.
Il frullo che tu senti non è un volo,
ma il commuoversi dell'eterno grembo;
vedi che si trasforma questo lembo
di terra solitario in un crogiuolo.

Un rovello è di qua dall'erto muro.
Se procedi t'imbatti
tu forse nel fantasma che ti salva:
si compongono qui le storie, gli atti
scancellati pel giuoco del futuro.

Cerca una maglia rotta nella rete
che ci stringe, tu balza fuori, fuggi!
Va, per te l'ho pregato, – ora la sete
mi sarà lieve, meno acre la ruggine...

NO LIMIAR
Goza se o vento que entra no pomar
vem agitar a onda da existência:
aqui onde afunda um morto
enredo de memórias,
horto não era, mas relicário.
O adejar que tu sentes não é um vôo,
é o comover-se do regaço eterno;
vê que se transforma essa nesga
de terra solitária num crisol.

Um tormento está aquém do íngreme muro.
se prossegues deparas
tu talvez no fantasma que te salva:
compõem-se aqui as histórias, os atos
cancelados no jogo do futuro.

Procura um ponto solto no arrastão
que nos aperta, tu pula fora, foge!
Vá, por ti o implorei, agora a sede
ser-me-á mais leve, menos acre a ferrugem...

No poema "I Limoni", a abertura significa "desvendar o objeto":

I Limoni
(...)
Vedi, in questi silenzi in cui le cose
s'abbandonano e sembrano vicine
a tradire il loro ultimo segreto,
talora ci si aspetta/ di scoprire uno sbaglio di Natura,
il punto morto del mondo, l'anello che non tiene,
il filo da disbrogliare che finalmente ci metta
nel mezzo di una verità.
Lo sguardo fruga d'intorno,
la mente indaga accorda disunisce nel profumo che dilaga
[quando il giorno più languisce.
Sono i silenzi in cui si vede in ogni ombra umana che si
[allontana qualche disturbata Divinità.

Quando un giorno da um malchiuso portone
tra gli alberi di uma corte
ci si mostrano i gialli dei limoni;
e il gelo del cuore si sfa,
e in petto ci scrociano
le loro canzoni
le trombe d'oro dela solaritá.

Os Limões
Vê nesses silêncios em que as coisas
se entregam e parecem prestes
a trair seu último segredo,
é a hora em que se espera
descobrir um erro de Natura,
o ponto morto do mundo, o elo que não segura,
o fio a desembaraçar que finalmente nos ponha
no meio de uma verdade.
O olhar busca ao redor,
a mente indaga conjuga desune no perfume que inunda
[quando o dia mais esmorece.
São os silêncios em que se vê em cada sombra humana que se
[afasta alguma perturbada Divindade.

O poeta busca conhecer, em um primeiro momento, "entrando" no objeto. Em vários poemas, há uma luta entre libertar-se e o medo de desprender-se de suas raízes, tormento que ele personifica em uma planta, como em "L' Ágave Su Lo Scoglio":

ora son io
l'agave che s'abbarbica al crepaccio
dello scoglio
e sfugge al mare da le braccia d'alghe
che spalanca ampie gole e abbranca rocce;
e nel fermento
d'ogni essenza, coi miei racchiusi bocci
che non sanno più esplodere oggi sento
la mia immobilità come un tormento.

sou eu agora
a ágave que se agarra à greta
o escolho
e foge do mar de braços d'algas
que escancara amplas guelas e agarra rochas;
e no fermento
de cada essência, com meus botões fechados
que desabrochar não sabem hoje sinto
minha imobilidade qual tormento.

Seguir adiante é sentido pelo sujeito do poema como defrontar-se com um fantasma que o salva da inércia, mas que o põe diante de uma triste percepção: a de que a vida é uma muralha intransponível, a não ser que se sangre nos cacos de garrafa.

Meriggiare pallido e assorto

Meriggiare pallido e assorto
presso un rovente muro d'orto,
ascoltare tra i pruni e gli sterpi
schiocchi di merli, frusci di serpi.

Nelle crepe del suolo o su la veccia
spiar le file di rosse formiche
ch'ora si rompono ed ora s'intrecciano
a sommo di minuscole biche.

Osservare tra frondi il palpitare
lontano di scaglie di mare
mentre si levano tremuli
scricchi
di cicale dai calvi picchi.

E andando nel sole che abbaglia
sentire con triste meraviglia
com´è tutta la vita e il suo travaglio
in questo seguitare una muraglia
che ha in cima cocci aguzzi di bottiglia.

Sestear pálido e absorto

Sestear pálido e absorto
no escaldante muro do horto,

escutar entre espinhos e abrolhos
estalos de melros, roçar de serpes.

Nas gretas do solo ou sobre a vicia
espiar as filas de roxas formigas
que ora se rompem e ora se entrançam
no topo de minúsculas medas.

Observar entre os ramos o palpitar
distante de escamas do mar
enquanto se erguem trêmulos repiques
de cigarras dos calvos picos.

E andando no sol que ofusca
sentir com triste maravilha
como está toda vida e sua labuta
neste ir adiante uma muralha
com sobre agudos cacos de botelha.

Ir para o conhecimento é um trajeto com idas que avançam em penumbras aterradoras e recuos que constituem um tormento. O eu lírico de Montale se debate para se libertar e busca uma abertura na rede, uma passagem para fugir da prisão que nós entendemos como um nascimento para um novo espaço, um novo tempo, metáfora da expansão da condição psíquica, do crescimento simbólico, do vir a ser.

Na coletânea seguinte, "Ocasiões", seus poemas indicam que o conhecimento do significado é obtido por meio de uma ocasião, de instantes privilegiados, "súbitas iluminações"...

No modelo literário de mente de Montale, o "eu transcendental" é a instância que cria o que parece se aproximar aos objetos internos no modelo pós-kleiniano de mente.

A musa inspiradora para os poetas representa o poder de gerar símbolos, e a linguagem concreta do símbolo se revela em suas palavras.

Montale vê a vida como um *continuum*; as emoções acontecem ininterruptamente e, para expressá-las, é preciso transformá-las em símbolos. Para o poeta, a expressão se dá pela palavra, que é sentida insuficiente para a essência da experiência, mas é pela palavra que Montale tenta superar tal limitação.

Como ele realiza a transformação de seu estado de mente onírico em poema?

Chamo de estado de mente onírico uma determinada configuração durante a qual o indivíduo está elaborando uma vivência emocional para ser transformada em formas simbólicas.

Para o poeta, haveria uma elaboração própria que o afasta de sua vivência e, em um segundo tempo, tal experiência faz surgir uma estrutura simbólica, o poema. Assim, se compararmos o sonho do paciente relatado no Capítulo 5, cuja imagem apresentaria uma separação não aceita, forçada (o menino correndo em direção à porta pantográfica que se fechou atrás dos pais dele), ao poema de Montale "Rilha a roldana do poço", o movimento seria de negar momentaneamente a separação por uma alucinação.

RILHA A ROLDANA DO POÇO

Cigola la carrucola del pozzo,
l'acqua sale alla luce e vi si fonde.
Trema un ricordo nel ricolmo secchio,
nel puro cerchio un'immagine ride.
Accosto il volto a evanescenti labbri;
si deforma il passato, si fa vecchio,
appartiene ad un altro...
Ah che giá stride
la ruota, ti ridona all'atro fondo,
visione, una distanza ci divide.

RILHA A ROLDANA DO POÇO

Rilha a roldana do poço,
a água sobe à luz e aí se funde.
Treme um recordo no transbordante balde,
no puro círculo uma imagem ri.
Encosto o rosto a evanescentes lábios;
deforma-se o passado, faz-se velho,
pertence a outrem...
Ah; O chiado da roda
te devolve ao negro fundo,
visão, uma distância nos separa.

Nesse poema, há o movimento de separação e reencontro, por meio de uma imagem projetada, "*trema un ricordo nel ricolmo secchio*" ("treme um recordo no transbordante balde"), uma imagem que ri e que por um momento é realidade, a ponto de o poeta (seu eu lírico) encostar "o rosto a evanescentes lábios". A partir daí, a alucinação, o louco sonho de trazer à presença o que está ausente por uma projeção de sua memória "no puro círculo uma imagem ri", desfaz-se. O movimento da roldana que vai ao fundo e retorna, levando o balde vazio e trazendo-o à luz cheio, é, sem dúvida, uma configuração que o poeta usa como semelhança de um ir e vir, de presença e ausência. Sobre esse movimento, ele projeta a imagem de um objeto ausente que "por um momento", está na realidade externa. Em *Além do Princípio de Prazer* (1920), Freud observa um menino de 18 meses que brinca de jogar um carretel de linha para baixo de um móvel exclamando "*Fort!*" ("Fora!") e, puxando-o de volta, exclama "*Da*" ("Aqui"). Freud conclui que o menino estava lidando com a ausência da mãe e, ao afastar e reaver o carretel, ele dominava a ação de separação e reencontro. Brincando desse modo, podia aguardar o retorno da mãe, evitando uma insuportável ansiedade de separação.

Nessa poema, há o movimento de separação e reencontro por meio de uma imagem projetada (treme um recordo no transbordante balde), uma imagem que ri e que, por um momento, é realidade, a ponto de o poeta "encostar o rosto a evanescentes lábios". Uma momentânea alucinação ou imagem onírica – fruto do imenso desejo do reencontro do objeto ausente. A alucinação se desfaz com o gesto de aproximação, com novo movimento da roldana ("Ah; O chiado da roda") que devolve o balde ao negro fundo, metáfora da volta ao inconsciente da imagem onírica, fruto do desejo. A consciência do poeta adverte-o de que ocorreu uma visão, pois há uma distância entre "eu" e "tu". O lúdico e o criativo se revelam na realização desse poema, que nos parece uma criação diante da angústia de separação e da passagem do tempo.

Concluindo nossa conjectura, a "inspiração poética" corresponderia a um processo complexo que se inicia com uma experiência sensorial e emocional, que, ao sofrer transformação simbólica por meio do processo onírico, surge sob a forma de um estado de mente poético. Em um segundo tempo, acontece a elaboração do produto derivado de tal estado de mente em objeto artístico, em poema. No homem comum, o processo se inicia com uma experiência sensorial e emocional que precisa ser elaborada em símbolos pelo mundo onírico, fazendo surgir estados de mente criativos, no sentido lato da criatividade primária, que são os pensamentos capazes de dar significado à experiência vivida e que alimentam a capacidade de pensar. Diferente das do homem comum, as criações do poeta implicam um componente estético e uma universalidade que as tornam objetos artísticos.

Do ponto de vista psicanalítico, a criação poética, ou qualquer expressão artística, não é considerada invenção, não é um produto apenas da imaginação, mas é fruto do interjogo do evento externo com a realidade psíquica, fenômeno este em parte inconsciente e que o talento pode trazer à consciência em forma de objeto artístico.

Referências

Bick, E. (1964a). Notes on Infant Observation in Psychoanalytic Training. *International Journal of Psychoanalysis*, *45*, 558.

Bick, E. (1964b) Notas sobre la observación de lactantes en la enseñanza del psicoanalisis. Traduzido de *The International Journal of Psychoanalysis*, *XLV*(4).

Bick, E. (1968). The Experience of the Skin in Early Object Relations. *International Journal of Psychoanalysis*, *49*.

Bick, E. (1986). A experiência da pele em relações objetais arcaicas. *Jornal de Psicanálise*, *XX*(41), 27-31 (também publicado em *Melanie Klein Hoje* (Vol. I). Rio de Janeiro: Imago).

Bion, W. R. (1961). *Experiences in Groups*. London: Tavistock.

Bion, W. R. (1962). *Learning from Experience*. London: William Heinemann Medical Books, 111.

Bion, W. R. (1963). *Transformation: Change from Learning to Growth*. London: William Heinemann Medical Books.

Bion, W. R. (1992/1959). *Cogitations*. London: Karnac Books.

Bowlby, J. (1982). *Formação e rompimento dos laços afetivos.* São Paulo: Martins Fontes.

Franca, M. O. & Marra, E. S. (Org.) (1998). *Meltzer em São Paulo.* São Paulo: Casa do Psicólogo.

Freud, S. (1900). *The Interpretation of Dreams.* London: The Standard Edition of the Horgarth Press.

Freud, S. (1915). Instincts and Their Vicissitudes Dreams. In *The Standard Edition of the Complete Psychological Works of Sigmund Freud.* London: Horgarth Press.

Freud, S. (1996). *Além do princípio de prazer.* Edição Standard Brasileira das Obras Completas de Sigmund Freud, vol. XVIII. Rio de Janeiro: Imago. (Trabalho original publicado em 1920.)

Isaacs, S. A (1952). A natureza e a função da fantasia. In Klein, M. *et al. Os progressos da psicanálise.* 2. ed. Rio de Janeiro: Ed. Guanabara Koogan.

Klein, M. (1946). Notes on Some Schizoid Mechanisms. In *The writing of Melanie Klein* (Vol. 3, 1-24). (Ed. brasileira: "Notas sobre alguns mecanismos esquizoides". In Klein, M. (1991). *Obras completas de Melanie Klein* (Vol. 3). Rio de Janeiro: Imago.

Klein, M. (1952). The Emotional Life of the Infant. In *Envy and Gratitude and Other Works 1946-1963.* London: The Hogarth Press.

Klein, M. (1952). On Observing the Behaviour of the Young Infant. In *Developments in Psychoanalysis*, 237-270. London: Hogarth Press.

Klein, M. (1966). The Relation of Anal Masturbation to Projective Identification. *International Journal of Psychoanalysis, 47 (2),* 335-342.

Klein, M. (1969). *The Psychoanalysis of Children* (3rd ed.). New York: Humanities Press. (Trabalho original publicado em 1932.)

Klein, M. (1981). *Contribuições à Psicanálise.* São Paulo: Editora Mestre Jou.

Klein, M. (1996). Situações de ansiedade infantil refletidas em uma obra de arte e no impulso criativo. In Klein, M. (1929). *Amor, culpa e reparação e outros trabalhos* (1921-1945, 240-248). Rio de Janeiro: Imago.

Mélega, M. P. (1987). Desmame precoce e separação breve: seus efeitos na relação mãe-bebê e na saúde do bebê. *American Journal of Gynecology and Obstetrics.*

Mélega, M. P. (1987). Observação da relação mãe-bebê: instrumento de ensino em psicanálise. *Revista Brasileira de Psicanálise*, *XXI*(4), 309-327.

Mélega, M. P. (1998). Intervenções terapêuticas conjuntas pais-filhos. *Alter: Jornal de Estudos Psicodinâmicos*, Brasília, Editora Grupo Estudos de Psicanálise de Brasília, *XVII*(2), 119-134.

Mélega, M. P. (1990). The Psychoanalytic Observer as a Container of the Maternal Function. In *Anais da Tavistock-Tavistock Model Courses*, Nápoles, Italy.

Mélega, M. P. (1993). Constituição *versus* ambiente: diálogo decisivo na formação e transformação psíquica. *Revista Brasileira de Psicanálise*, São Paulo, *27*(4), 681-705.

Mélega, M. P. (2001). *Eugenio Montale. Criatividade poética e psicanálise. São Paulo:* Edusp/Ateliê Editorial.

Mélega, M. P. (2004). *Imagens oníricas e formas poéticas – um estudo da criatividade.* São Paulo: Editora Pasavento.

Mélega, M. P. (2008), *Reverie* materno e o desenvolvimento da capacidade simbólica no bebê de zero a 18 meses. In *O olhar e a escuta para compreender a primeira infância*. São Paulo: Casa do Psicólogo.

Mélega, M. P. (2012). Joint Parent and Children Therapeutic Interventions. In *Looking and Listening*. The Harris Meltzer Trust, Karnac. (Trabalho original de 1998).

Meltzer, D. (1984). *Dream life*. London: Clunie Press.

Meltzer, D. (1986a). *Studies in extended metapsychology* (The Roland Harris Trust Library, nº 13). Pertshire: Clunie Press.

Meltzer, D. (1986b). *Studies in extended metapsychology*. London: The Roland Harris Educational Trust Library.

Meltzer, D. (1986c). Identificação adesiva. *Jornal de Psicanálise, XIX*(38), 40-52.

Meltzer, D. (1987). *Studi di Metapsicologia Allargata*. Milano: Raffaello Cortina Editore.

Meltzer, D.; Williams, M. H. (1990). *La aprehensión de la belleza*. Buenos Aires: Spatia Editorial.

Meltzer, D. (1991). Comunicação pessoal (*Personal Communication About Claustrum Case*). Oxford.

Meltzer, D. (1992a). Além da consciência. *Revista Brasileira de Psicanálise, 26*(3), 397-408.

Meltzer, D. (1992b). *The Claustrum: an Investigation of Claustrophobic Phenomena* (The Roland Harris Trust Library nº 3). London: The Clunie Press.

Meltzer, D., & Williams, M. H. (1988). *The Apprehension of Beauty*. London: Harris Meltzer Trust.

Meltzer, D., & Harris, M. (2013). *The Educational Role of Family: a Psychanalytical Model*. London: Harris Meltzer Trust.

Milner, M. (1972). *El papel de la ilusión en la formación de símbolos*. Buenos Aires: Paidós.

Montale, E. (1990). *Tutte le poesie*. Milano: Mondadori.

Segal, H. (1981). Phantasy and Other Mental Processes. In *The work of Hanna Segal approach to clinical practice*. New York: Jason Aronson.

Segal, H. (1982). Notas a respeito da formação de símbolos. In *A obra de Hanna Segal*. Rio de Janeiro: Imago. (Trabalho original de 1957).

Sharpe, E. (1971). *Análise dos sonhos* (Christiano Monteiro Oiticica, trad.). São Paulo: Imago.

Williams, M. H., & Waddell, M. (1991). *The Chamber of the Maiden Thoughts*. London/New York: Routledge.

Williams, M. H. (2010). *The Aesthetic Development*. London: Karnac Books, 2012 (*Lo Sviluppo Estetico*. Roma: Borla).

GRÁFICA PAYM
Tel. [11] 4392-3344
paym@graficapaym.com.br